USOS E ABUSOS DA HISTÓRIA

MARGARET MACMILLAN

USOS E ABUSOS DA HISTÓRIA

Tradução de
CARLOS DUARTE E ANNA DUARTE

EDITORA RECORD
RIO DE JANEIRO • SÃO PAULO
2010

CIP-BRASIL. CATALOGAÇÃO-NA-FONTE
SINDICATO NACIONAL DOS EDITORES DE LIVROS, RJ

M149u
MacMillan, Margaret, 1943-
Usos e abusos da história / Margaret MacMillan; tradução Carlos Duarte e Anna Duarte. – Rio de Janeiro: Record, 2010.

Tradução de: The uses and abuses of history
Inclui bibliografia e índice
ISBN 978-85-01-08777-5

1. História – Filosofia. 2. Historiografia. 3. Processo decisório. 4. História – Erros, invenções, etc. I. Título.

10-2422
CDD: 901
CDU: 930.1

Título original em inglês:
THE USES AND ABUSES OF HISTORY

Copyright © Margaret MacMillan, 2009
Copyright de tradução © Editora Record, 2010

Todos os direitos reservados. Proibida a reprodução, armazenamento ou transmissão de partes deste livro através de quaisquer meios, sem prévia autorização por escrito. Proibida a venda desta edição em Portugal e resto da Europa.

Texto revisado segundo o novo Acordo Ortográfico da Língua Portuguesa.

Direitos exclusivos de publicação em língua portuguesa para o Brasil adquiridos pela
EDITORA RECORD LTDA.
Rua Argentina 171 – 20921-380 – Rio de Janeiro, RJ – Tel.: 2585-2000
que se reserva a propriedade literária desta tradução

Impresso no Brasil

ISBN 978-85-01-08777-5

Seja um leitor preferencial Record.
Cadastre-se e receba informações sobre nossos lançamentos e nossas promoções.

EDITORA AFILIADA

Atendimento e venda direta ao leitor:
mdireto@record.com.br ou (21) 2585-2002

Para minhas sobrinhas e sobrinhos

SUMÁRIO

Introdução

1. A LOUCURA DA HISTÓRIA   13
2. A HISTÓRIA QUE NOS CONFORTA   27
3. A QUEM PERTENCE O PASSADO?   49
4. HISTÓRIA E IDENTIDADE   71
5. HISTÓRIA E NACIONALISMO   103
6. APRESENTANDO A CONTA DA HISTÓRIA   117
7. GUERRAS DA HISTÓRIA   139
8. A HISTÓRIA COMO GUIA   171

Conclusão   203
Agradecimentos   209
Leituras Complementares   211
Índice Remissivo   215

INTRODUÇÃO

Todos nós fazemos história, mesmo que como aquele homem que descobriu que escrevia em prosa, nem sempre nos tenhamos dado conta de ter essa capacidade. Queremos dar sentido às nossas vidas e muitas vezes nos perguntamos qual o lugar que ocupamos na sociedade em que vivemos e como chegamos até ele. Com isso, criamos histórias sobre nós, nem sempre verdadeiras, na tentativa de buscar respostas satisfatórias. Tais histórias e questionamentos inevitavelmente nos levam ao passado. Como foi que cresci e me tornei a pessoa que sou? Quem foram meus pais? Meu avós? Ainda que, de maneira parcial, como indivíduos sejamos todos produtos de nossa própria história, o que inclui nossa origem geográfica, nossa época, nossa classe social e o histórico de nossas famílias. Nasci e fui criada no Canadá, onde desfrutei um período extraordinário, raro na maioria dos lugares, de paz, estabilidade e prosperidade. Com certeza isso teve influência na construção da forma pela qual desenvolvi minha visão de mundo, talvez com mais otimismo sobre a melhoria das condições de vida do que se eu tivesse crescido no Afeganistão ou na Somália. Além disso, sou produto da história de meus pais e de meus avós. Cresci com

10   USOS E ABUSOS DA HISTÓRIA

algum conhecimento, embora incompleto e fragmentário, sobre a Segunda Guerra Mundial, na qual meu pai lutou, e sobre a Primeira Guerra Mundial, que levou embora meus dois avós.

Usamos a história para entender a nós mesmos e devemos usá-la para compreender os outros. Se tomarmos conhecimento de que alguém conhecido passou por uma catástrofe, tal informação nos ajudará a evitar que lhe causemos mais sofrimento. (Se, por outro lado, descobrimos que ele tirou a sorte grande, isso poderá afetar a maneira como o trataremos daí em diante!) Não devemos supor que somos todos iguais, e isso serve tanto para nossa atuação nos negócios ou na política quanto nas relações pessoais. Como nós, canadenses, poderemos entender os sentimentos quase sempre apaixonados dos nacionalistas franceses de Quebec se não soubermos algo acerca do passado em que foram, e ainda são, moldadas suas atitudes, com as lembranças da conquista pelos ingleses em 1759 e a impressão de que seus descendentes de língua francesa são cidadãos de segunda classe? Ou a mistura de ressentimento e orgulho que muitos escoceses têm em relação à Inglaterra agora que a Escócia encontrou petróleo? Se não soubermos nada sobre o que as perdas da Guerra Civil e a reconstrução significaram para os brancos do Sul dos Estados Unidos, como poderemos entender o que sentem em relação aos ianques até hoje? Sem conhecer a história da escravidão e da discriminação, da violência sofrida pelos negros mesmo depois da abolição, não podemos compreender a complexidade da relação entre raças nos Estados Unidos. Nas relações internacionais, como poderemos entender a profunda hostilidade entre palestinos e israelenses sem sequer conhecer algo a respeito da razão de seus trágicos conflitos?

Tornaram-se famosas as palavras de Henry Ford ao dizer que a história não faz sentido, e é muito difícil para nós, principalmente

INTRODUÇÃO 11

na América do Norte, reconhecer que a história não é um assunto morto. Ela não jaz em segurança lá no passado para que nós a olhemos quando nos der vontade. A história pode ser útil, mas pode também ser muito ameaçadora. É mais sábio pensar a história não como uma pilha de folhas mortas ou uma coleção de artigos empoeirados, mas como uma comunhão de interesses, algumas vezes benéfica e em muitos casos desastrosa, que repousa sob o presente e silenciosamente molda nossas instituições, nossa maneira de pensar, as coisas de que gostamos e também as que detestamos. Costumamos procurá-la, mesmo na América do Norte, para obter validações e para que nos ensine e aconselhe. A validação, tanto para as identidades de um grupo como para as demandas ou justificativas, quase sempre vem por meio de experiências passadas. Você percebe que sua vida tem sentido se consegue se inserir num grupo mais abrangente de pessoas que existiam antes de você e que continuarão a existir depois de sua partida (levando, não importa como, um pouco de sua essência para o futuro). Algumas vezes, fazemos um mau uso da história, criamos enredos falsos ou parciais para justificar o tratamento errado dado a outras pessoas, como tomar suas terras ou matá-las. São também muitas as lições e ensinamentos que a história nos apresenta, e é fácil escolher e aproveitar seus melhores exemplos. O passado pode ser aproveitado para quase tudo que se queira fazer no presente. Nós o menosprezamos quando mentimos sobre ele ou quando escrevemos histórias que mostram apenas um de seus lados. Podemos pôr em prática o que aprendemos tanto de um modo cuidadoso quanto desastroso. Isso não significa que não somos capazes de ver a história como fonte de conhecimento, apoio e ajuda, mas que devemos ter cautela com o emprego que dela fazemos.

1

A Loucura da História

A história, não necessariamente aquela feita pelos historiadores, tornou-se popular na atualidade, até mesmo na América do Norte, onde temos a tendência de olhar mais para o futuro do que para o passado. Em parte, isso pode ser justificado pelas forças do mercado. As pessoas estão mais bem-educadas e, sobretudo nas economias desenvolvidas, têm mais tempo para o lazer e para gozar da aposentadoria mais cedo. Nem todo mundo deseja se aposentar para viver num condomínio ensolarado e se divertir passeando de bicicleta. A história pode ajudar a dar um sentido ao mundo em que vivemos. Ela pode se tornar fascinante e mesmo engraçada. Como os melhores romancistas ou dramaturgos poderiam inventar alguém como o imperador Augusto ou Catarina, a Grande, Galileu ou Florence Nightingale? Como os roteiristas poderiam criar histórias de ação ou dramas humanos melhores dos que os já registrados aos milhares pela história ao longo dos séculos? Há uma sede de conhecimento e de entretenimento, e o mercado tem respondido a ela com entusiasmo.

Os museus e as galerias de arte montam grandes exposições em torno de personagens históricos como Pedro, o Grande ou sobre períodos específicos da história. Pelo mundo inteiro, novos museus são inaugurados todo ano para comemorar as épocas,

16   USOS E ABUSOS DA HISTÓRIA

muitas vezes cinzentas, do passado. Na China, há museus dedicados às atrocidades cometidas pelos japoneses durante a Segunda Guerra Mundial. Em Washington, Jerusalém e Montreal existem museus sobre o Holocausto. A televisão tem canais inteiramente voltados para a história (com frequência, é bom que se diga, exibindo um passado que parece ter sido construído em sua maior parte por batalhas e biografias de generais); locais históricos estão sendo desfigurados em razão da visitação de turistas; filmes históricos — pense nos mais recentes feitos apenas sobre a rainha Elizabeth I — estão dando muito lucro; e a proliferação de histórias populares mostra que os editores sabem muito bem onde obter seus lucros. Os documentários de Ken Burns, desde a clássica série sobre a Guerra Civil até a que fez sobre a Segunda Guerra Mundial, são transmitidos repetidas vezes. No Canadá, o documentário *A People's History*, de Mark Starowicz, atingiu milhões de espectadores. O programa *Historica Minutes*, produzido pela fundação particular Historica, dedicada a promover a história do Canadá, é tão popular entre os adolescentes canadenses que eles o utilizam com frequência em suas tarefas escolares. No Reino Unido, a série de David Starkey sobre os monarcas ingleses tornou-o tão rico e famoso quanto os próprios reis e rainhas.

Hoje em dia, muitos governos têm departamentos exclusivos dedicados às comemorações do passado ou — como é sempre pomposamente denominado — do "patrimônio". No Canadá, o Departamento do Patrimônio estimula os canadenses ao aprendizado de sua história, sua cultura e sua terra. "O patrimônio é o tesouro coletivo que nos foi dado e que iremos legar aos nossos filhos." Esse termo pode abranger praticamente qualquer coisa: a língua, as danças regionais, as receitas de culinária, as antiguidades, a pintura, os costumes, a arquitetura. Há associações de

A LOUCURA DA HISTÓRIA 17

colecionadores de carros ou armas antigas, assim como de figurinhas de astros do beisebol ou de caixas de fósforos. Na Inglaterra, um jovem arquiteto fundou a Chimneypot Preservation and Protection Society, Sociedade para Preservação e Proteção das Chaminés, para preservar, como estabelece a sua missão, "as Sentinelas do Tempo".

A França, que durante décadas teve um Ministério da Cultura bastante ativo, decretou o ano de 1980 como o Ano do Patrimônio. Cidadãos vestidos com roupas de época encenaram grandes momentos da história. Nos anos que se seguiram, dobrou o número de locais e monumentos tombados pelo patrimônio histórico. Surgiu um grande número de novos museus — dedicados ao tamanco de madeira, por exemplo, ou à floresta de castanheiras. Ao final da década, em 1989, o governo criou uma comissão especial para supervisionar as comemorações pelo bicentenário da Revolução Francesa.

Na França, houve uma explosão de encenações históricas sobre o passado e de festivais em datas especiais do calendário. As possibilidades, na verdade, são infinitas: os inícios e finais de guerras, os nascimentos e mortes de pessoas famosas, a primeira publicação de um livro ou a primeira montagem de uma ópera, uma greve, uma manifestação, um julgamento, uma revolução e até mesmo desastres naturais. E as atividades não partem apenas do governo; muitas vêm da iniciativa de voluntários locais. Châlons-sur-Marne comemorou o centenário da invenção do processo de conservação de alimentos enlatados. Não é só na França que as comunidades querem revisitar seu passado: Perth, em Ontário, teve uma semana de festas em 1993 para comemorar os cem anos do queijo gigante que a cidade mandou para a

18 USOS E ABUSOS DA HISTÓRIA

Feira Mundial de Chicago de 1893. Como tanto o governo local quanto os homens de negócio perceberam, o passado é muito bom para o turismo.

Os governos tendem a considerar que a atenção e os cuidados adequados para com o passado são um benefício para o presente. Nos Estados Unidos, a Lei de Preservação Histórica Nacional reconhece que a consciência do passado ajudará a formar bons americanos. O patrimônio deve ser preservado, como diz a lei, "a fim de dar um sentido de orientação ao povo americano". O decreto do presidente George W. Bush, de 2003, intitulado "Preserve a América", reforçava esse sentimento: "O governo federal irá reconhecer e administrar suas propriedades históricas como bens que possam abrigar departamentos e escritórios de suas agências e ao mesmo tempo contribuir para a vitalidade e o bem-estar econômico das comunidades da Nação, estimulando uma maior compreensão para o desenvolvimento dos Estados Unidos e seus valores fundamentais."

Percebe-se com clareza que a paixão pelo passado vai além das forças do mercado ou das políticas governamentais. A história tem respostas para uma imensa gama de necessidades, desde um maior conhecimento acerca de nós mesmos e do nosso mundo até a indicação sobre o que pode ser feito. Para muitas pessoas o interesse pelo passado começa por suas próprias vidas. Isso, em parte, é resultado da biologia. Assim como outros seres, os humanos nascem e morrem, e entre esses dois momentos está a sua história. É provável que isso também influencie o fato de que hoje a grande maioria das pessoas vive num mundo em que as mudanças ocorrem com muita rapidez e no qual as relações duradouras, outrora normais

— seja com os lugares ou com as pessoas da família ou com amigos —, deixaram de existir para muitos. Parte desse fascínio atual pela preservação da tradição advém do receio de que estejamos perdendo fragmentos do passado que tenham valor incalculável e irrecuperável, estejam eles relacionados a línguas que vão morrendo ou a imóveis que vão se tornando ruínas. Às vezes, os preservacionistas parecem desejar que o próprio tempo pare de correr. Em Nova York, um tema de discussão constante diz respeito aos velhos apartamentos do Lower East Side, que, segundo alguns, precisam ser substituídos por edifícios mais modernos e saudáveis. Ou, como disse um representante do Tenement Museum, eles devem ser preservados "para que nos lembremos o que significou morar e trabalhar dentro deles".

Dezenove milhões de pessoas em todo o mundo agora são assinantes do Friends Reunited, que colocará você em contato com velhos amigos que foram se distanciando de sua vida, mesmo aqueles de seus primeiros dias na escola. Se alguém anseia retroceder mais no tempo, e cada vez mais pessoas têm esse desejo, pode até fazer uma pesquisa de sua genealogia. Isso é perfeitamente compreensível, disse um porta-voz do College of Arms, de Londres, "em uma sociedade de valores descartáveis, na qual tudo é efêmero". Atualmente, muitos arquivos nacionais têm seções específicas criadas para pessoas que desejam investigar a história de suas famílias. Graças aos mórmons, que guardam, para uso próprio, os arquivos dos membros de sua comunidade, as genealogias e os registros de nascimentos, a cidade de Salt Lake detém uma enorme coleção de registros do mundo todo. A Internet facilitou o trabalho de consulta, com dúzias de sites em que se pode pesquisar a ancestralidade, sendo alguns mais especializados e dedicados a apenas uma família. No Canadá e no

20   USOS E ABUSOS DA HISTÓRIA

Reino Unido, o programa de televisão de grande audiência chamado *Who Do You Think You Are?* fornece, para nosso deleite, a busca do passado e dos ancestrais de celebridades, quase sempre com resultados surpreendentes, em suas árvores genealógicas.

Desenvolvimentos recentes da ciência tornaram possível ir além dos registros impressos. Hoje, a decodificação do DNA possibilita aos cientistas rastrear a ancestralidade de um indivíduo através da linha materna e encontrar outros com a mesma matriz genética. À medida que os bancos de dados são construídos, torna-se cada vez mais viável a incrível possibilidade de observar como os seres humanos migraram ao longo dos anos. Isso é importante para quem deseja pesquisar sua história pregressa para além dos registros escritos. E se torna especialmente importante para aqueles que nunca tiveram informações impressas que pudessem ser rastreadas. Os imigrantes que vieram aos magotes para Nova York nos séculos XIX e XX para fugir de uma vida miserável e incerta na Europa muitas vezes perderam todos os elos com seu passado e até mesmo os nomes da certidão de nascimento. Para os descendentes americanos de escravos que perderam até a mais tênue esperança de recuperar os passos seguidos por seus ancestrais que vieram da África, sem nem mesmo ter a chance de descobrir o que lhes aconteceu depois que chegaram aos Estados Unidos, o DNA subitamente abriu as portas para o autoconhecimento. Um documentário comovente chamado *African American Lives*, exibido pela PBS em 2006, pesquisou o DNA de negros americanos famosos, entre eles Oprah Winfrey e Quincy Jones. Em alguns casos, os resultados foram decepcionantes: histórias familiares sobre antepassados que descendiam de reis não passavam de lendas. Em outros, houve descobertas surpreendentes, como o caso de um obscuro professor de conta-

A LOUCURA DA HISTÓRIA 21

bilidade da Flórida que constatou ser descendente de Gengis Khan. Talvez, pensou o professor, seu dom para administrar seja herança de seu terrível ancestral.

O atual fascínio das pessoas por suas histórias particulares pode ser uma forma de narcisismo — quanto tempo poderia ser gasto pelos seres humanos na observação de si próprios? —, porém, isso também vem do desejo de conhecer mais o que fez com que as pessoas se tornassem quem são e o que fez com que o mundo em que vivem se tornasse o que é. Se os indivíduos podem voltar atrás e enxergar suas próprias histórias numa perspectiva mais ampla, poderão então perceber de que modo são produtos não apenas de sua vivência individual, mas da sociedade e da cultura. Integrantes de certos grupos étnicos podem achar que trazem de herança a opinião que têm sobre outros grupos étnicos e também podem descobrir que os outros os veem de maneiras muito peculiares. A história modelou os valores humanos, os receios, as aspirações, os amores e os ódios. Quando começamos a perceber isso, entendemos o poder do passado.

Mesmo quando as pessoas pensam se lançar em novas direções, quase sempre seus modelos vêm do passado. Quantas vezes vimos revolucionários comprometidos em construir novos mundos voltarem atrás inconscientemente, repetindo hábitos e costumes daqueles que sucederam? Napoleão chegou ao poder como resultado da Revolução Francesa, mas a corte que ele estabeleceu foi moldada segundo a dos Bourbons, que perderam o trono. Os altos representantes do comunismo soviético viviam dentro dos muros do Kremlin da mesma forma que os czares. Stálin se inspirou em seus predecessores — Ivan, o Terrível e Pedro, o Grande — da mesma forma, creio eu, que Vladimir Putin fez quando foi presidente. Os comunistas chineses desprezaram a sociedade chinesa tradicional,

22 USOS E ABUSOS DA HISTÓRIA

mas seus principais líderes decidiram viver bem no coração de Pequim, onde outrora vivia a corte imperial. O próprio Mao Tsé-tung retirou-se em misteriosa reclusão do mesmo modo que fizeram vários imperadores ao longo dos séculos.

"Os homens fazem sua própria história", disse Karl Marx, "porém não a fazem como lhes agrada: não a fazem sob circunstâncias escolhidas, mas sob circunstâncias que existiam antes, legadas e transmitidas pelo passado."

Durante a Guerra Fria, entretanto, a história aparentava ter perdido muito de seu velho poder. O mundo que renasceu depois de 1945 foi dividido entre dois grandes sistemas de alianças e duas ideologias adversárias, ambas afirmando representar o futuro da humanidade. O capitalismo liberal americano e o comunismo soviético pretendiam, como postulavam, a construção de novas sociedades, talvez até de novos seres humanos. Os antigos conflitos entre sérvios e croatas, alemães e franceses ou cristãos e muçulmanos tornaram-se irrelevantes e foram relegados, segundo a frase memorável de Leon Trotski, à lixeira da história. A ameaça de uma guerra nuclear em grande escala estava sempre presente, e vez por outra, como durante a crise dos mísseis de Cuba em 1962, parecia que os últimos momentos do planeta haviam chegado. Mas isso não aconteceu e por fim a maioria das pessoas simplesmente esqueceu esse perigo. As armas nucleares assumiram um aspecto benigno: afinal, o equilíbrio do terror dava a entender que nenhuma das superpotências ousaria atacar a outra sem o risco de também ser destruída. As pessoas achavam que tanto os Estados Unidos quanto a União Soviética permaneceriam presas à dicotomia guerra e paz, talvez, para sempre. Enquanto isso, o mundo desenvolvido desfrutava de uma prosperidade sem paralelo, e novas potências econômicas, muitas delas na Ásia, despontaram nesse cenário.

A LOUCURA DA HISTÓRIA   23

Meus alunos costumavam dizer que eu tinha sorte por estar ensinando história. Uma vez que se tenha compreendido com clareza uma etapa histórica ou os acontecimentos de uma guerra, achavam eles, não se precisava pensar nisso outra vez. Deve ser ótimo, diziam, não precisar refazer seus apontamentos de aula. O passado, afinal, é o passado. Não pode ser mudado. A história, segundo eles, não exige maior esforço do que o de retirar uma pedra do solo. Pode até ser divertido fazer isso, mas não é imprescindível. Que importância tem o que já aconteceu? O momento é agora.

Quando a Guerra Fria terminou, de forma abrupta, em 1989 com o colapso do império soviético na Europa, o mundo experimentou um breve, brevíssimo, período de otimismo. Em todo o mundo houve a consciência de que as certezas pós-1945 tinham sido substituídas por uma ordem internacional mais complexa. Em vez disso, muitas pessoas reconheceram que, como superpotência remanescente, os Estados Unidos certamente se tornariam uma hegemonia benevolente. As sociedades poderiam se beneficiar com um "dividendo da paz", pois não mais haveria a necessidade de gastos militares volumosos. A democracia liberal havia triunfado, e o marxismo tinha ido para a lata de lixo. A história, como colocou Francis Fukuyama, tinha chegado ao fim, e um mundo pleno, próspero e pacífico adentrava o próximo milênio.

Na verdade, muitos dos antigos conflitos e tensões estavam congelados em lugares logo abaixo da superfície da Guerra Fria. O fim daquele grande confronto trouxe o descongelamento, e velhos sonhos e ódios há muito reprimidos voltaram à tona. Saddam Hussein invadiu o Kuwait baseando seus direitos em uma história dúbia. Descobrimos que os sérvios e os croatas tinham

24 USOS E ABUSOS DA HISTÓRIA

muitos motivos históricos para sentir medo e ódio uns dos outros e que havia povos da União Soviética com orgulho de sua própria história que queriam independência. Muitos de nós tiveram de aprender quem eram os sérvios e os croatas e onde ficavam a Armênia e a Geórgia no mapa. Nas palavras do título de um livro de Misha Glenny sobre a Europa Central, testemunhamos o renascimento da história. Com certeza, como acontece com frequência, algumas pessoas foram longe demais na direção oposta e colocaram a culpa de tudo o que estava dando errado nos Bálcãs na década de 1990 — para tomar como exemplo um dos casos mais chocantes — em "ódios ancestrais", que disfarçavam convenientemente a crueldade de Slobodan Milošević, então presidente, e seus asseclas, que davam o melhor de si para destruir a Iugoslávia e desmembrar a Bósnia. Tal atitude fez com que as potências externas ficassem esperando, torcendo os dedos aflitas sem tomar partido, durante muito tempo.

As duas últimas décadas foram conturbadas e confusas, e, como era de se esperar, muitas pessoas se voltaram para a história tentando entender o que estava acontecendo. Os livros sobre a história dos Bálcãs venderam bem, enquanto a Iugoslávia caía despedaçada. Hoje, os editores se apressam para encomendar livros sobre a história do Iraque ou para relançar obras já antigas. O livro *Os sete pilares da sabedoria*, de T.E. Lawrence, que descreve a luta de independência dos árabes contra a Turquia, voltou a ser um dos mais vendidos e um dos mais apreciados pelos soldados americanos em serviço no Iraque. Em 1980, meu próprio livro sobre a Conferência de Paz de 1919 em Paris, no qual analiso a maioria dos fundamentos do mundo moderno, não encontrava quem se interessasse por sua publicação. Como disse um dos editores, ninguém desejava ler a respeito de um bando de homens brancos que já haviam morrido havia tempo, sentados, conversando sobre acordos de paz há muito esquecidos. Por volta de 1990, o mesmo assunto voltou a parecer mais relevante.

O mundo de hoje está distanciado do imobilismo da Guerra Fria. Ele se parece mais com aquele da década anterior à de 1914 e à deflagração da Primeira Guerra Mundial ou com o mundo dos anos 1920. Naqueles dias, quando o império britânico começou a mostrar sinais de fraqueza e outras potências como a Alemanha, o Japão e os Estados Unidos desafiaram sua hegemonia, o sistema internacional se tornou instável. Hoje em dia, os Estados Unidos ainda se sobressaem sobre as demais potências, mas não tanto como antes. Eles têm sido bastante prejudicados por seu envolvimento no Iraque, além de enfrentarem o desafio representado pelo crescimento da China, da Índia e de sua antiga rival, a Rússia. Os problemas econômicos trazem, como trouxeram no passado, pressões internas por proteção e barreiras comerciais. As ideologias — na época, o fascismo e o comunismo e hoje o fundamentalismo religioso — desafiam as concepções do internacionalismo liberal e desencadeiam uma guerra contra as potências que julgam estar atrapalhando seu caminho. E o mundo ainda possui, como na primeira metade do século XIX, as forças irracionais do nacionalismo étnico.

2

A História que nos Conforta

Não é fácil lidar com a incerteza e não é nada surpreendente que nos agarremos a qualquer coisa que possa nos ajudar — inclusive à história. Os usos e os abusos que fazemos da história nas horas de tomar decisões são algo que será abordado mais tarde. Agora, porém, quero analisar como a história pode ser ao mesmo tempo tão condescendente e tão atraente.

Para começo de conversa, ela pode nos oferecer simplicidade quando o presente parece confuso e caótico.

Ao longo dos anos, os historiadores tentaram estabelecer padrões elevados, e talvez até mesmo um único padrão abrangente, que explicassem tudo. Para algumas religiões, a história fornece evidências do desenvolvimento de um propósito divino. Para o filósofo alemão Georg Wilhelm Friedrich Hegel, ela demonstrou a evolução do espírito infinito (*Geist*) na Terra. Karl Marx baseou-se em Hegel para produzir sua história "científica", que tencionava mostrar que a história caminhava de forma inexorável em direção a seu destino final, o comunismo absoluto. Para Johann Gottfried Herder, influente pensador alemão do final do século XVIII, a história mostrava que há séculos existia uma nação orgânica alemã, embora em termos políticos ela ainda não tivesse alcançado sua potência integral. Para os imperialistas como sir Charles Dilke, o estudo do passado confirmava a

30 USOS E ABUSOS DA HISTÓRIA

superioridade da raça britânica. Arnold Toynbee, cujo trabalho é bastante desprezado atualmente, via um padrão de provocação e reação à medida que as civilizações ampliavam a superação de obstáculos e então fracassavam quando se tornavam frágeis e acomodadas. Os chineses, diferentemente da maioria dos pensadores ocidentais, não viam a história como um processo linear. Os intelectuais chineses falavam em termos de um ciclo dinástico no qual as dinastias vinham e iam em uma sucessão sem fim, seguindo o imutável padrão de nascimento, maturidade e morte, todos eles sob a égide dos céus.

A história também pode funcionar como uma fuga do presente, o que talvez seja o caso atual. Conforme o mundo se torna mais complexo e muda de forma mais rápida, e não necessariamente para melhor, não surpreende que voltemos até aquilo que erradamente pensávamos ser um mundo mais transparente e simples. Os conservadores ainda sonham com as pequenas cidades, como as das pinturas de Norman Rockwell, nas quais as crianças brincam em seus jardins sem a presença de adultos malfeitores a ameaçá-las, em que homens e mulheres vivem tranquilos e o Sol irradia felicidade dia após dia. No Canadá, uma artista com o estranho nome de Trisha Romance vende milhares de gravuras de crianças vestindo aventais e roupas de marinheiro. A época é vagamente vitoriana: cavalos puxam carruagens e trenós, velas brilham nas árvores de Natal e as famílias estão reunidas em volta das lareiras. Em suas gravuras do passado, ninguém se mostra triste, com fome ou maltrapilho. Os esquerdistas, por outro lado, voltam a falar de um passado de glórias, quando os movimentos sindicais eram fortes e os patrões eram derrotados. Por trás do atual fascínio exercido pela Segunda Guerra Mundial, repousa o sentimento, ao menos do lado dos Aliados, de que aquela foi a

A HISTÓRIA QUE NOS CONFORTA   31

última guerra sem equívocos e moralmente positiva. Os nazistas alemães, os fascistas italianos e os militaristas japoneses eram visivelmente maus e teriam de ser derrotados. (O fato de termos sido aliados de um dos maiores tiranos do século XX, Josef Stálin, é algo sobre o que se deve fazer vista grossa.) Até então, as guerras nunca tinham sido tão bem definidas. A Guerra da Coreia, na verdade, foi necessária para deter o expansionismo soviético, mas a tentativa do general Douglas MacArthur de transformá-la em uma cruzada contra o comunismo chinês fez com que os americanos ficassem divididos e se voltassem contra seus aliados. O Vietnã foi uma catástrofe para os Estados Unidos, e a atual ocupação do Iraque parece estar indo pelo mesmo caminho.

Também estamos, hoje, com uma carência de heróis — ou muito conscientes das deficiências de nossos líderes —, o que ajuda a explicar o culto a Winston Churchill, que talvez seja mais forte na América do Norte do que no Reino Unido. Afinal, os britânicos tiveram uma experiência direta com Churchill em outros papéis além daquele que desempenhou como grande líder na Segunda Guerra Mundial. Para eles, fica mais fácil recordar sua longa carreira política e sua cota de erros e falhas. O Churchill que é lembrado na América do Norte é aquela grande figura que lutou sozinho contra o Eixo e que ajudou a construir a vitória dos aliados, e não o autor dos desembarques desastrosos em Gallipoli durante a Primeira Guerra Mundial ou aquele primeiro-ministro doente que permaneceu no cargo tempo demais na década de 1950. O presidente George W. Bush, como esperado, gosta muito de se comparar ao primeiro Churchill, e não ao segundo.

Os líderes políticos sempre souberam do mérito obtido ao se compararem com grandes figuras do passado. Isso os ajuda a ganhar estatura e legitimidade como herdeiros das tradições de

32 USOS E ABUSOS DA HISTÓRIA

suas nações. Ao se comparar a Ivan, o Terrível, e a Pedro, o Grande, Stálin estava se cobrindo com seus mantos de construtores de uma Rússia maior. Saddam Hussein, por sua vez, se comparou a Stálin e a Saladin, que foi resgatado do passado islâmico do Iraque. O último xá do Irã tentou traçar uma linha descendente através dos séculos, desde Ciro e Dario até sua própria dinastia. Mao Tsé-tung gostava de traçar paralelos entre ele e o imperador Qin, que criou a China em 221 a.C.

Nosso atual desejo por heróis é mais do que uma conveniência política. Estamos ansiosos para ouvir o testemunho de nossos veteranos de guerra antes que eles morram, pois sentimos que eles têm lições a nos ensinar. E nos preocupamos em homenageá-los adequadamente. Muitos países decidiram realizar um funeral com honras de Estado para os últimos veteranos da Primeira Guerra Mundial, o que usualmente é feito apenas para chefes de Estado ou figuras extraordinárias como o próprio Churchill, ou para o último soldado que sobreviveu heroicamente à guerra. As discussões a esse respeito têm sido macabras. Por exemplo: como determinar que um soldado foi realmente o último sobrevivente a morrer? São considerados os veteranos que escolheram passar o resto de suas vidas em outros países? E o que acontece se um governo realizar um funeral e depois descobrir outro veterano vivo? Na França, em 2006, surgiram da obscuridade mais dois de seus mais antigos veteranos.

Os veteranos e suas famílias vêm demonstrando pouco entusiasmo com relação a tal pompa e circunstância. Em 2005, quando o então presidente da França, Jacques Chirac, anunciou que o último veterano seria sepultado em um local especial, talvez no próprio Pantheon, obteve indiferença como resposta. Lazare Ponticelli, um dos últimos veteranos franceses da Primeira Guerra Mundial,

A HISTÓRIA QUE NOS CONFORTA   33

disse com firmeza: "Se ficar demonstrado que eu sou o último sobrevivente, eu me nego. Seria um insulto a todos aqueles que morreram antes de mim e que não receberam quaisquer homenagens." Ele escolheu e recebeu um serviço fúnebre simples porque, como disse, a nação não deveria voltar sua atenção para apenas uma pessoa enquanto algumas centenas de milhares tinham sofrido e morrido. Chirac recuou prontamente, e seu governo falou em termos vagos sobre a realização de um enterro simbólico, uma ocasião especial para representar a reconciliação da Europa.

No Canadá, o Dominion Institute, instituição para a preservação cívica e histórica nacional, que tem demonstrado grande talento empreendedor para fazer os canadenses se sentirem culpados por não saberem quase nada sobre o seu passado, lançou uma petição para dar ao último veterano canadense um funeral com honras de Estado. O governo, que de início se mostrou evasivo, curvou-se em face daquilo que parecia uma onda gigantesca da opinião pública e apresentou um projeto à Câmara dos Comuns. Como era de se esperar, nenhum de seus membros ousou votar contra tal questão de caráter emocional. E de novo as famílias dos veteranos não mostraram o mínimo entusiasmo. Também soou estranho o fato de um dos dois canadenses sobreviventes na época da votação, John Babcock, um velhinho animado que deu entrevistas aos jornalistas contando sobre sua tentativa de perder a virgindade durante a guerra, ter passado a viver nos Estados Unidos a partir do começo da década de 1920.

O desejo de realizar enterros com honras de Estado reflete com frequência as intenções dos vivos. O líder dos conservadores ingleses Iain Duncan Smith indagou, com um dos olhos voltados para os eleitores, se isso não seria uma maneira de homenagear uma geração inteira que pertencia "ao século do homem comum". Quando o governo italiano sepultou seu último veterano com todas as honras possíveis, o presidente Carlo Azeglio Ciampi descreveu as homenagens como "um testemunho vivo e precioso do sacrifício dos rapazes que lutaram (...) para tornar nosso país maior, livre e unido". No Canadá, Rudyard Griffiths, diretor do Dominion Institute, disse: "Se houve um tempo em que o Canadá e os canadenses demonstraram vigor e generosidade na comemoração de sua história e dos valores que compartilhamos, com certeza o falecimento do último dos nossos veteranos da Grande Guerra representa esse momento."

Retornamos ao passado para que nele resgatemos nossos valores, mesmo que parciais, pois não acreditamos nas autoridades de hoje em dia. Suspeitamos que nossos políticos estejam apenas sequiosos para manter seus cargos. Muitos diretores de empresas têm sido pegos em fraudes ou se locupletando com quantias indevidas. Os comentários e fofocas enchem as páginas de revistas como a *Hello!* ou a *Vanity Fair*, e isso também nos deixa com a sensação desagradável de que não existem mais pessoas de bem e honestas. Somos muito bem informados, seja sobre a vida sexual do presidente Bill Clinton ou acerca dos problemas com drogas de Britney Spears. Lemos sobre erros médicos e professores sem preparo que enganam seus alunos. É claro que essas coisas também aconteciam no passado, mas não sob o foco dos refletores da mídia e do que a Internet produz atualmente. A história nos traz conforto, embora, paradoxalmente, saibamos cada vez menos sobre ela.

Num mundo secular, no qual vive a maioria de nós, na Europa ou nos Estados Unidos, a história se encarrega de nos mostrar o bem e o mal, as virtudes e os vícios. A religião não desempenha

A HISTÓRIA QUE NOS CONFORTA   35

mais o papel importante que teve outrora, quando ditava padrões morais e transmitia valores. As congregações, que eram determinantes nas velhas igrejas, perderam a força de forma drástica. É verdade que existem igrejas evangélicas poderosas por toda parte, mas elas servem muito mais como entretenimento e socialização do que como religião. Segundo pesquisas, milhões de pessoas que se declaram cristãs renascidas têm, com frequência, uma ideia muito vaga do que é aquilo a que estão se filiando. E mesmo aqueles que continuam a ter fé numa entidade divina devem se questionar como ela pôde permitir tanta maldade como a testemunhada pelo século XX. A História com H maiúsculo está vindo para preencher esse vazio. Ela recupera um sentido não necessariamente de um ser divino, mas de algo acima e além dos seres humanos. Ela é nossa autoridade: pode nos defender, nos julgar e levar à danação aqueles que se opõem a nós.

Segundo a imprensa, o presidente Bush tem lido muito sobre história ultimamente, e nela parece que encontrou algum conforto enquanto seu mandato ia chegando ao fim aos tropeços e sua popularidade alcançava os níveis mais baixos na opinião pública. Ele tem se comparado ao presidente Harry Truman, o inexperiente vice-presidente que ocupou o gabinete da presidência quando Franklin Delano Roosevelt faleceu em 1945. Truman, que chegou ao cargo mal preparado, graças à inclinação de Franklin Delano Roosevelt de conservar questões importantes em suas próprias mãos, era quase sempre descrito na época como o "Mascate do Missouri". Durante seu mandato, a cotação que tinha era ainda mais baixa do que a de Bush hoje em dia. "Errar é Truman", disse uma pessoa espirituosa.

A história sempre foi benevolente, e de uma maneira geral Truman é avaliado pelos historiadores e intelectuais da atualidade

36 USOS E ABUSOS DA HISTÓRIA

como um dos melhores presidentes americanos do século XX. Ele teve de encarar uma União Soviética cada vez mais beligerante e uma situação que se deteriorava na Europa, enfrentando-as de corpo e alma. Ele e seu governo tomaram as decisões que lançaram as bases para que os Estados Unidos confrontassem a União Soviética durante a longa Guerra Fria. Adotaram políticas como o Plano Marshall e medidas de defesa sem precedentes para a manutenção da paz, além da criação da Otan, e todas elas em conjunto evitaram o domínio da União Soviética sobre a Europa Ocidental. Além disso, Truman mostrava com essas ações que os Estados Unidos estavam preparados para conter o avanço da influência soviética. Em 1948-9, os Estados Unidos lideraram o Ocidente no plano para iludir o bloqueio soviético da zona ocidental de Berlim por meio de uma gigantesca estratégia aérea. No ano seguinte, Truman enviou tropas americanas à Coreia para contra-atacar os comunistas do Norte, que atacavam o Sul. Atualmente, muitos afirmarão que foi o governo Truman que tornou possível o longo enfrentamento ao bloco soviético e, por fim, a vitória do Ocidente em 1989.

Durante sua campanha eleitoral em 2004, Bush fez referências elogiosas a Truman. À medida que Bush se tornava cada vez mais impopular, as alusões a Truman se tornavam mais frequentes. Em dezembro de 2006, ele disse aos líderes no Congresso que, embora Truman não fosse popular na época, a história mostrou que o ex-presidente estava certo. Em outra comparação com a Guerra Fria, Bush falou repetidas vezes sobre a luta contra o terrorismo e os fundamentalistas islâmicos como algo que vai permanecer por gerações. Num discurso em 2006 para os formandos de West Point, ele se comparou implicitamente a Truman, que, disse ele, fez o que era correto, ainda que fosse bastante criticado

A HISTÓRIA QUE NOS CONFORTA 37

na época: "Pelas medidas que tomou, pelas instituições que criou, as alianças que forjou e as doutrinas que estabeleceu, o presidente Truman lançou as bases para a vitória americana na Guerra Fria." Bush não mencionou o fato bastante estranho de Truman ter sido um democrata. Também não se referiu a outra diferença significativa: Truman trabalhava em parceria com a ONU, em vez de tratá-la com desprezo. Tais diferenças não passaram despercebidas pela imprensa ou pelos democratas, mas a Casa Branca se encarregou de afastar esses detalhes inconvenientes para bem longe, por intermédio de Tony Snow, seu secretário de imprensa, e negou que Bush estivesse se comparando a Truman; ao invés disso, afirmou que ele estava lembrando aos americanos que, como na Guerra Fria, eles se defrontavam com um inimigo motivado pela ideologia e por ambições globais e cuja derrota levaria muito tempo.

Se a história é o juiz para o qual apelamos, ela também pode se voltar contra nós. Pode salientar os nossos erros, lembrando-nos daqueles que em outros tempos se defrontaram com problemas semelhantes mas que tomaram decisões diferentes e talvez melhores. O presidente Bush se recusou a negociar com o Irã, embora o país tivesse enorme influência no Oriente Médio, e em particular no Iraque. Seus críticos lembram quando outro presidente americano encarou uma situação na qual os Estados Unidos se afundaram em uma guerra invencível e estavam perdendo muito de sua autoridade no mundo. O presidente Richard Nixon decidiu que tinha de retirar os Estados Unidos do Vietnã e reconstruir o prestígio americano e que a chave para conseguir ambas as coisas estava em Pequim. Embora os Estados Unidos e a República Popular da China fossem inimigos ferozes que não tinham quase nenhum contato um com o outro havia décadas,

38 USOS E ABUSOS DA HISTÓRIA

ele embarcou corajosamente em uma iniciativa para promover um reconhecimento recíproco e, assim esperava Nixon, uma ajuda mútua. Quando eu dava palestras nos Estados Unidos sobre meu livro *Nixon e Mao*, a respeito da viagem de 1972 do presidente americano à China, uma pergunta que me faziam repetidas vezes era: se Nixon fosse presidente hoje em dia, teria ido a Teerã buscar ajuda para a retirada dos Estados Unidos do Iraque?

Como se fosse um juiz, a história também questiona as inclinações dos líderes para a onipotência. Os ditadores, talvez porque conheçam muito bem suas próprias falsidades, sabem o poder que a história tem. Em consequência, têm tentado reescrever, negar ou destruir o passado. Tanto Robespierre na França revolucionária quanto Pol Pot no Camboja dos anos 1970 decidiram dar um novo começo à sociedade, outra vez. O novo calendário de Robespierre e o Ano Zero de Pol Pot foram concebidos para apagar o passado e suas sugestões de que havia meios alternativos de organizar a sociedade. Diz-se que o imperador Qin, fundador da China, destruiu toda a história anterior, sepultou os intelectuais que pudessem relembrá-la e escreveu a própria história. As dinastias subsequentes não foram tão brutais, mas também escreveram suas próprias histórias do passado da China. Mao fez melhor: tentou destruir todas as lembranças e objetos que, por fazerem o povo chinês recordar seu passado, pudessem impedir que este o transformasse em novos homens e mulheres comunistas. Com esse encorajamento, os jovens guardas vermelhos saíram por toda a China destruindo as porcelanas de valor inestimável, queimando livros, demolindo templos e estátuas, espancando e muitas vezes matando professores, escritores, sacerdotes e todos os que pudessem ser acusados de transmitir o passado. A Cidade Proibida de Pequim foi poupada apenas por que Zhou En-

A HISTÓRIA QUE NOS CONFORTA   39

lai enviou tropas para protegê-la. Na União Soviética, Stálin apagou dos livros o nome e as fotografias de seu grande rival Leon Trotski, que se tornou uma "não pessoa", como diria George Orwell em sua terrível definição. Os registros verdadeiros sobre Leon Trótski mostraram, afinal, que Stálin não era o herdeiro natural de Lênin, o reverenciado fundador da União Soviética, e que não participara da vitória dos bolcheviques sobre seus inúmeros inimigos.

É claro que as atitudes dos dois em relação à história não evitaram que os grandes ditadores tentassem assegurar sua imortalidade com a construção de estátuas, monumentos e mausoléus e, em seus últimos dias, com fotografias e filmes. Stálin escreveu sua própria história do comunismo na União Soviética, na qual os únicos indivíduos que apareciam como responsáveis pelo progresso triunfante eram ele próprio e Lênin. Embora relatasse suas lutas contra vários inimigos, nenhum deles é mencionado. O imperador Qin construiu um grande mausoléu, que deveria durar para sempre. (Em Meca, as autoridades religiosas e políticas sauditas estão tentando cultuar Maomé de um modo diferente, retirando-o da história por não ser ele totalmente humano. A polícia religiosa alerta os peregrinos para que suas orações não sejam feitas em certos locais, como a caverna onde se diz que o Profeta recebeu a primeira mensagem de Deus, sob o argumento de que tais orações são formas de idolatria. Durante a última metade do século, as construções que abrigaram o Profeta e sua família foram demolidas até as fundações, uma a uma. Só nas últimas duas décadas, segundo o Gulf Institute, 95% dos prédios mais antigos de Meca, com mais de mil anos de existência, desapareceram.)

40 USOS E ABUSOS DA HISTÓRIA

Muitas vezes nossa fé na história se traduz pelo desejo de corrigir o passado por meio de desculpas e do ressarcimento pelas ações praticadas. No momento, há uma boa dose de reparação a ser feita por indivíduos e organizações que admitem ter cometido erros e oferecem alguma forma de indenização. Os bancos suíços que auferiram lucros com os bens confiscados dos judeus e deles se beneficiaram, e que agora condenam os crimes dos nazistas, devem pagar indenizações aos herdeiros daqueles que sofreram. O Estado alemão acertadamente pagou durante anos indenizações a famílias de judeus mortos pelo regime de Adolf Hitler. Os governos do Canadá e dos Estados Unidos com certeza têm obrigação de indenizar os japoneses cujas terras foram ilegalmente expropriadas enquanto eles eram presos e confinados durante a Segunda Guerra Mundial. O confinamento dos japoneses, que eram cidadãos, teve uma legalidade dúbia. Ambos os governos se desculparam e indenizaram todos os sobreviventes. Em todos esses casos, a ligação entre os penalizados e seus algozes foi direta e clara.

Frequentemente essa ligação é menos clara, mas hoje a desculpa tem um sentido político. As desculpas apresentadas pela rainha Elizabeth aos maoris da Nova Zelândia pelo confisco ilegal de suas terras no século XIX não significavam que ela estava aceitando a culpa; em vez disso, a sociedade e o governo neozelandês estavam resolvendo questões pendentes com os maoris e tentando reparar os males que estes tinham sofrido. Em 2004, três senadores americanos apresentaram um projeto de lei para uma desculpa oficial a todos os seus povos nativos pelo "longo período histórico de depredação e de erros políticos dos Estados Unidos". Os céticos observaram que, sobretudo em um ano eleitoral, os defensores do projeto de lei estavam interessados nos votos dos povos nativos, que eram cruciais em muitos estados. O projeto de lei foi engavetado.

A HISTÓRIA QUE NOS CONFORTA   41

A aceitação da responsabilidade e o ato de arrependimento podem ser saudáveis para as sociedades estigmatizadas por lidar com um passado de horrores. Com o fim do *apartheid* na África do Sul, figuras públicas negras e brancas começaram a falar sobre como seguir adiante sem permitir que o passado mantivesse a tristeza da divisão sofrida pela sociedade. Ao final dos anos 1980, enquanto o presidente Frederik Willem de Klerk e seu Partido Nacionalista, de maioria branca, negociavam o fim do *apartheid* com Nelson Mandela e o Congresso Nacional Africano, o desafio comum que tinham era o de garantir uma transição pacífica para o governo de maioria negra. A dificuldade estava em assegurar que os ex-opressores — a polícia e as forças de segurança, por exemplo — não fossem punidos por terem obedecido a ordens e por aplacar o compreensível sentimento de vingança e retaliação dos negros, que por eles foram oprimidos. O acordo, difícil de ser estabelecido, firmava que uma comissão para examinar o passado teria o poder de conceder anistia às suas testemunhas e de fazer recomendações sobre as reparações às vítimas do *apartheid*. Em 1995, menos de dois anos depois das primeiras eleições multirraciais, o Parlamento sul-africano aprovou a Lei da Promoção da Unidade Nacional e da Reconciliação. A Comissão para a Verdade e a Reconciliação iniciou as audiências na primavera de 1996 e apresentou seu relatório final dois anos depois. Foi uma experiência extraordinária e emocionante que trouxe à tona os males do *apartheid*. A comissão realizou 140 audiências por todas as partes da África do Sul e reuniu 22 mil declarações de vítimas do *apartheid*. Sete mil membros do velho regime apresentaram pedidos de anistia. Ex-agentes da polícia secreta se apresentaram e admitiram ter participado de torturas e assassinatos. Na hora de testemunhar, depoentes negros caíram

42 USOS E ABUSOS DA HISTÓRIA

em prantos e rezaram ao reviver o que tinha acontecido a eles e às suas famílias. É claro que o trabalho da comissão não foi suficiente para cicatrizar todas as feridas. A concessão de anistia continua a ser uma questão impopular, sobretudo entre os negros, e o pagamento de indenizações é inconstante e vagaroso. Ainda assim, a partir do momento em que a comissão encerrou suas audiências em 1998, os sul-africanos de todas as cores e classes examinaram e se envolveram com os registros do regime do *apartheid* e partiram em direção a um futuro compartilhado.

Entretanto, será proveitoso que as sociedades peçam desculpas pelas coisas que tenham feito em diversos séculos e sob as mais distintas justificativas? Os políticos, entre outros, apressam-se em apresentar toda sorte de desculpas, mesmo quando é difícil entender por que eles precisam justificar qualquer responsabilidade — ou qual o benefício que uma desculpa traria. O papa desculpou-se pelas cruzadas. A filha do poeta inglês John Betjeman pediu desculpas a uma cidade perto de Londres por uma estrofe de um dos poemas de seu pai que dizia: "Venham bombas amigas e caiam sobre Slough/ Ela hoje não serve para humanos." Nos anos 1990, o presidente Bill Clinton desculpou-se pela escravidão, e Tony Blair pediu desculpas aos irlandeses pelas batatas que não tinham para comer. Sir John Hawkins — descendente de um famoso pirata elizabetano e traficante de escravos — usou uma camiseta em que se lia "Sinto Muito" e ajoelhou-se diante de uma multidão na Gâmbia.

No Canadá, governos federais sucessivos têm se desculpado, e em alguns casos até pago indenizações por políticas — por mais terríveis que nos pareçam hoje em dia — implementadas por seus antecessores. Essa prática conduz a algumas questões interessantes. O Canadá costumava cobrar uma taxa dos imigrantes vindos da China. A intenção era claramente racista, para desestimular que "orientais" estabelecessem residência no país. Mas o Canadá de hoje deve pagar alguma indenização aos descendentes daqueles que pagaram tal taxa? Não faria mais sentido usar as verbas para a comunidade como um todo em vez de beneficiar apenas alguns indivíduos? Quanto seria suficiente? Infelizmente, deve ter havido alguma disputa desagradável entre os diversos grupos que reivindicavam falar em nome dos chineses canadenses a respeito de como qualquer dinheiro vindo do governo deveria ser distribuído.

Quão longe devemos ir para fazer um prognóstico sobre as decisões tomadas no passado, mesmo na tentativa de revertê-las? Recentemente, o governo britânico decidiu que o Exército não deveria mais executar seus soldados por atos de covardia praticados durante a Primeira Guerra Mundial. Assim esse ato deu aos executados o perdão póstumo. Será que é certo, perguntou o respeitado jornalista inglês Matthew Parris, questionar retroativamente os julgamentos deles? "Tenho dúvidas de que hoje possamos reavaliar julgamentos feitos há três gerações, em circunstâncias diferentes e segundo um código moral mais rigoroso", disse Parris. Podem, pergunta ele, os exércitos serem comandados sem o uso de uma disciplina rigorosa que inclua penalidades duras contra aqueles que se recusam a obedecer ordens ou tentam desertar em meio a um confronto com o inimigo? Não é natural que os seres humanos se arrisquem a morrer no campo de batalha. A ameaça de execução pode contribuir para que os exércitos não se desintegrem e se transformem em uma turba desordenada. Podemos dizer que não deveriam existir guerras no mundo e tampouco exércitos, mas até que se atinja esse estado de paz, precisamos de forças armadas para nos defender e levar adiante nossas políticas.

44   USOS E ABUSOS DA HISTÓRIA

Os governos canadenses admitiram há pouco tempo algumas tentativas de se remodelar o passado no que diz respeito ao confinamento de grupos étnicos em tempos de guerra. Durante as duas guerras mundiais, o Canadá aprisionou aqueles que eram vistos como traidores da nação. Na Primeira Guerra Mundial, o Canadá estava em guerra com o império austro-húngaro, e muitos ucranianos que viviam no Canadá tinham vindo de lá. Talvez tenham deixado suas terras por não gostarem do regime da Casa de Habsburgo; ou quem sabe alguns deles ainda fossem leais ao velho imperador. Em agosto de 1914, de fato um bispo ucraniano em Winnipeg encorajou os fiéis de seu rebanho a entrarem nos Estados Unidos, de onde poderiam voltar para sua terra e lutar por Francisco José. O governo canadense da época deveria se arriscar por causa da lealdade de seus novos moradores? Ficou decidido que não, e eles foram presos. Os governos britânico e australiano agiram da mesma maneira ao confinarem seus cidadãos alemães, ainda que muitos deles já residissem na Grã-Bretanha e na Austrália há décadas.

Na Segunda Guerra Mundial, os governos aliados prenderam muitas pessoas de origem japonesa, alemã e italiana. Hoje sabemos que as potências do Eixo perderam a guerra, mas na época em que essa decisão foi tomada, não estava de todo claro que era isso que aconteceria. E não era nada seguro que as três potências do Eixo confiassem na ajuda vinda de suas comunidades de emigrantes nos países aliados. Teria sido responsabilidade de alguns governos aliados a negligência de não aventar a possibilidade de que poderia haver simpatizantes dos nazistas alemães, dos fascistas italianos ou dos militaristas japoneses entre eles (como de fato havia)? O mais difícil de perdoar é que foram muito poucas as tentativas feitas para distinguir os leais e os potencialmente desleais.

A HISTÓRIA QUE NOS CONFORTA   45

No Reino Unido, a maioria dos "inimigos estrangeiros" vindos da Alemanha e da Áustria eram judeus refugiados. Mesmo eles foram presos e enviados para campos de concentração como o que havia na ilha de Man. Mais de sete mil foram embarcados para o Canadá e a Austrália; algumas centenas morreram quando o navio *Arandora Star* foi torpedeado. E o que não foi uma atitude responsável, mas com certeza foi uma atitude ilegal, foi o confisco de todas as propriedades dos prisioneiros. Tanto nos Estados Unidos como no Canadá, as propriedades dos japoneses que estavam encarcerados foram roubadas, destruídas ou vendidas a preço de banana para especuladores ávidos. Desde então, ambos os governos têm pago indenizações aos lesados.

As palavras têm pouco valor — embora possam levar a reivindicações vultosas —, e os políticos gostam de aparentar dedicação e sensibilidade. Além do mais, as justificativas sobre as ações do passado podem ser usadas como desculpa para um fraco desempenho no presente. A Austrália vem tentando lidar com as terríveis condições nas quais vive a maioria de sua população aborígene, cuja expectativa de vida é 17 anos menor do que a do resto do povo australiano. Parte desse esforço envolve exatamente um olhar para o passado. Em 1997, a Comissão para a Igualdade de Oportunidades e Direitos Humanos do país publicou um relatório condenando a antiga e costumeira prática, que vinha desde a Primeira Guerra Mundial até aos anos 1970, de tirar crianças aborígenes de seus pais para serem criadas como "brancas". Os australianos liberais ficaram horrorizados, e os governos de todos os estados e territórios apresentaram suas desculpas pelo que ficou conhecido como "Gerações Roubadas". Em 1998, um comitê de cidadãos organi-

46 USOS E ABUSOS DA HISTÓRIA

zou o primeiro Dia Nacional do Arrependimento, e milhares de australianos assinaram Livros com Pedidos de Desculpas que foram apresentados às comunidades aborígenes. Contudo, o governo da Comunidade Britânica permaneceu em silêncio. John Howard, primeiro-ministro australiano até sua derrota em 2007, resistiu a toda e qualquer sugestão de que a Austrália tivesse alguma coisa pela qual se desculpar. Seu sucessor, Kevin Rudd, levou uma moção ao Parlamento da Comunidade Britânica que foi aprovada por unanimidade. No dia 13 de fevereiro de 2008, com líderes aborígenes e convidados especiais nas galerias, além de australianos de todo o país assistindo pela televisão, Rudd pronunciou as seguintes palavras históricas: "Pedimos desculpas pelas leis e políticas das administrações e governos sucessivos que infligiram profunda dor, sofrimento e perdas a esses nossos compatriotas australianos." Entretanto, teve o cuidado de evitar a questão da indenização e foi pouco específico quanto à maneira pela qual o governo pretendia enfrentar problemas como o analfabetismo, o alcoolismo, a violência contra crianças e o desemprego nas muitas comunidades aborígenes. Um dos líderes aborígenes se mostrou incrédulo com relação ao impacto das desculpas apresentadas por Rudd: "O povo negro fica com as palavras e os brancos, com o dinheiro."

Nos Estados Unidos, um assunto muito controverso diz respeito ao governo dever ou não se desculpar pela escravidão. Brancos e negros se dividem de forma acirrada: enquanto muitos brancos não acham necessário um pedido de desculpas por algo que foi feito há muitas gerações, um número avassalador de negros pensa que as desculpas são devidas, enquanto um número um pouco menor acha que o governo deveria pagar uma indenização aos descendentes dos escravos. Noventa e seis por cento dos brancos defendem que não deve haver qualquer reparação. Em

A HISTÓRIA QUE NOS CONFORTA 47

seu livro escrito em 2000, *The Debt: What America Owes to Blacks*, Randall Robinson, um ativista negro e advogado, argumentou que muito da prosperidade da América branca foi construído às custas da escravidão e aponta instituições particulares, como a Brown University, cujos fundadores fizeram fortuna construindo navios negreiros. A quantia levantada é assombrosa. Um economista da Georgetown University chamado Richard America declarou que a dívida com os negros americanos é de algo entre 5 e 10 trilhões de dólares. Até agora, os muitos processos contra governos e empresas americanas reivindicando indenizações para os negros não tiveram sucesso.

Se ficarmos olhando demais para o passado na tentativa de consertar a história por meio de pedidos de desculpas, corremos o risco de não dar a devida atenção aos difíceis problemas do presente. Há também o perigo, como muitos líderes de minorias apontaram, de que o foco em injustiças do passado seja uma armadilha, pois os governos ou grupos se mantêm longe das questões com as quais estão sendo confrontados agora. Os negros podem reivindicar desculpas pela escravidão, e os governos americanos podem expressá-las, mas até que ponto isso irá ajudar as crianças negras em suas escolas pobres ou os homens negros que não conseguem encontrar empregos dignos? Os povos nativos canadenses vêm se preocupando há décadas com uma situação análoga à chamada "Geração Roubada", ou seja, a prática de colocar as crianças nativas em internatos, onde devem ficar para aprender inglês ou francês para que sejam assimiladas pela sociedade "branca". Segundo muitos críticos, nativos e não nativos, os internatos canadenses maltratam as crianças sob seus cuidados, algumas vezes até sexualmente, arrancando-as de suas culturas. Os líderes nativos têm usado a expressão "genocídio

48 USOS E ABUSOS DA HISTÓRIA

cultural", e um ex-religioso da United Church afirmou, com provas pouco consistentes até agora, ter descoberto evidências de assassinatos, experiências médicas ilegais e práticas de pedofilia. O governo canadense ofereceu indenizações para cada ex-aluno e estabeleceu uma Comissão da Verdade e Reconciliação, que passará cinco anos reunindo informações e produzindo um relatório. O presidente da comissão já fala em possíveis processos criminais. A sociedade canadense, é claro, terá de lidar com os processos, mas infelizmente mostra pouca vontade de investir recursos para lidar com as terríveis condições das reservas nativas. Leon Wieseltier, ilustre intelectual judeu americano, alerta que a mensagem que com frequência os grupos minoritários acabam recebendo das atenções dadas ao passado é: "Não seja enganado (...) o que há é apenas repressão." Insistir nos horrores do passado, como o Holocausto ou a escravidão, pode deixar as pessoas sem recursos para lidar com problemas do aqui e agora.

3

A Quem Pertence o Passado?

É realmente lamentável que, justo agora que a história está se tornando mais importante em nossas discussões públicas, a maioria dos historiadores profissionais tenha abandonado o terreno, deixando o campo livre para os amadores. A profissão tem se voltado para dentro nas últimas duas décadas, com a consequência de que a maior parte do estudo histórico da atualidade é autorreferente. Isso levanta questões sobre como nós, historiadores profissionais, criamos o passado. Quais as teorias que usamos bem e as que usamos mal? Lembro-me de, há alguns anos, ao ler pedidos de inscrição de alunos para o curso de graduação, ter me deparado com a afirmação de uma aluna, que parecia brilhante, de que desejava estudar uma área específica da história por essa área representar um ramo do conhecimento cujo "nível de teoria" era baixo.

Talvez devido ao fato de os historiadores ansiarem se parecer com seus colegas das ciências exatas ou sociais, eles tenham mergulhado numa linguagem especializada e em frases compridas e complexas. A maior parte dos textos é de difícil entendimento e desnecessário. Colin Gow, historiador da Universidade de Alberta, apresenta uma defesa curiosa do obscurantismo. Não devemos, disse solenemente, esperar que os historiadores sejam divertidos ou contem histórias interessantes: "Será mesmo preciso que os

52 USOS E ABUSOS DA HISTÓRIA

historiadores profissionais nos divirtam — sobretudo quando a maior parte do que fazem é pago com dinheiro público? Precisamos que a Física nos divirta?"

Entretanto, os historiadores não são cientistas, e se não estão se fazendo entender pelo público interessado em história, outros virão correndo ocupar o vácuo que deixarão. Os líderes políticos e de outras naturezas quase sempre vão em frente com o uso incorreto ou o abuso prejudicial que fazem da história para seus interesses individuais, uma vez que o resto das pessoas não sabe o suficiente para contestá-los. O muito de história que o público lê e aprecia é escrito por historiadores amadores. Algumas coisas são de boa qualidade, mas a maior parte não é. A história de má qualidade conta apenas parte de histórias complexas. Afirma um conhecimento que seria impossível ter quando propõe, por exemplo, a interpretação de pensamentos não pronunciados por seus personagens. Sigmund Freud fez mal à sua reputação ao se juntar ao diplomata americano William Bullitt para escrever a biografia de Woodrow Wilson. Freud jamais esteve com Wilson nem nunca leu seus diários íntimos, pois Wilson jamais os preservou, e ainda assim falou em tom de confidência sobre a obsessão de Wilson por seu pai e de seus sentimentos de fracasso. A história mal interpretada exige muito de seus heróis quando pressupõe que tiveram uma percepção ou tomaram decisões além de suas possibilidades. Poderiam os estadistas europeus em 1914 ter previsto o impasse colocado na frente ocidental quando quase todos os seus generais garantiram que a guerra estava para acabar rapidamente?

A história mal construída também leva a generalizações amplas, para as quais não há provas adequadas, e ignora fatos difíceis

A QUEM PERTENCE O PASSADO? 53

de lidar que não se encaixam no enredo criado. Era pensamento comum, por exemplo, que o Tratado de Versalhes, assinado entre os Aliados e a Alemanha ao fim da Primeira Guerra Mundial, foi tão insensato e vingativo que levou inevitavelmente à Segunda Guerra Mundial. A justificativa histórica era convincente, sustentada pelas polêmicas de personalidades como John Maynard Keynes, mas negligenciava alguns detalhes. A Alemanha *tinha* perdido a guerra, e o tratamento que recebeu não foi tão severo quanto alardearam os alemães e nem tanto quanto os ingleses e os americanos acreditaram. As indenizações foram um fardo, mas não tão pesado quanto eles fizeram parecer. A Alemanha pagou uma fração da conta e, quando Hitler subiu ao poder, suspendeu o resto do pagamento. Se em 1920 a Alemanha estava com problemas financeiros, isso se devia às políticas fiscais do governo, que não desejava elevar os impostos nem deixar de honrar os bônus de guerra, que grande parte de sua classe média tinha em mãos. E mais, as coisas estavam melhorando nos anos 1920, e não piorando. A Europa e o resto do mundo estavam se recuperando economicamente, e a Alemanha e mesmo a Rússia soviética estavam se inserindo no sistema internacional. Sem a Grande Depressão, que causou um enorme temor mesmo nas democracias mais sólidas, e sem toda uma série de decisões equivocadas, incluindo algumas tomadas por respeitáveis estadistas e generais alemães que pensavam poder usar Hitler depois que o colocassem no poder, o desvio para a agressão e depois para a guerra que se seguiu poderia não ter ocorrido. A má história ignora essas nuances em favor de relatos que pertencem a questões de moralidade, que não nos ajudam a perceber o passado em toda a sua complexidade. As lições que tais histórias ensinam são muito simplórias ou equivocadas. Por isso

54 USOS E ABUSOS DA HISTÓRIA

precisamos entender como avaliá-la adequadamente e tratar com ceticismo as afirmações feitas em seu nome.

Os historiadores profissionais não devem entregar seu território com tanta facilidade. Devemos fazer o melhor que pudermos para elevar o conhecimento público sobre o passado em toda a sua riqueza e complexidade. Devemos contestar as histórias, quase sempre falsas, que apresentam apenas um lado e que são de domínio público. Se não o fizermos, permitiremos que nossos líderes e formadores de opinião usem a história para reforçar afirmações não verdadeiras e justificar políticas ruins e inócuas. Além disso, os historiadores não devem abandonar por completo a história política pela sociologia ou pelo estudo da cultura. Gostem ou não, a política diz respeito às nossas sociedades e às nossas vidas. Precisamos apenas nos perguntar quão diferente teria sido o mundo se Hitler e os nazistas não tivessem assumido o controle de um dos países mais poderosos da Europa. Ou o que teria acontecido ao capitalismo e ao povo americano se Franklin Delano Roosevelt não tivesse tido capacidade, como presidente, para implementar o *New Deal*.

Ao mesmo tempo que é instrutivo e informativo, até mesmo divertido, estudar assuntos como as festas públicas da Revolução Francesa, a imagem da Virgem Maria na Idade Média, o papel das populares rosquinhas na psique canadense (parece que os canadenses comem mais rosquinhas do que qualquer outro povo do mundo) ou do hambúrguer na vida americana, não podemos esquecer do aspecto da história que Leopold von Ranke, o grande historiador alemão do século XIX, considerou como "o que realmente aconteceu".

Todas as gerações têm suas próprias preocupações e interesses e por isso procuram coisas novas no passado e investigam diferentes interpretações. Quando eu era estudante universitária, nossos textos versavam sobre a história política e econômica. Havia muito pouco sobre história social e quase nada sobre a história dos gêneros. A primeira onda do feminismo, no final dos anos 1960, despertou um interesse na história das mulheres. O crescimento dos movimentos pelos direitos dos homossexuais trouxe um crescimento correspondente na história de gays e lésbicas. A preocupação dos indivíduos da geração *baby boom*, como manter-se jovem e atraente, provocou o surgimento de questões especializadas, como a história do corpo. O desaparecimento dos impérios europeus e a elevação do poder econômico e político da Ásia produziram uma história global menos centrada na Europa e na América do Norte. Esse processo de pesquisa e artigos sobre novas questões acerca do passado é que fazem com que a história mude e se desenvolva.

Ainda assim, há um âmago imutável nos fatos do passado que é: o que aconteceu e em que ordem? A causalidade e a sequência são cruciais para o entendimento do passado. Não se pode afirmar que Napoleão venceu a batalha de Waterloo ou se a batalha aconteceu antes de suas invasões à Rússia ou à Espanha, embora possamos com certeza divergir sobre a causa pela qual ele foi derrotado em Waterloo e de como suas decisões anteriores contribuíram para sua derrota. Se nós, como historiadores, não escrevermos a história dos grandes acontecimentos da mesma maneira que a dos pequenos eventos que formaram o passado, outros o farão e não necessariamente de maneira correta.

Os historiadores, principalmente no passado, deram sua parcela para a criação de histórias tendenciosas. Durante a Idade Média, os historiadores cristãos viam o passado segundo os termos de um triunfo da Igreja Católica universal. Quando um intelectual da Renascença mostrou que o documento que expressava a transmissão do poder dos imperadores romanos para o papa era falso, seu trabalho ajudou a estimular um novo olhar sobre aquela conjuntura. Os historiadores vitorianos descreveram o passado como sendo um progresso inevitável que levou a um presente glorioso quando a Inglaterra dominava o mundo. E os historiadores franceses, alemães, russos e americanos fizeram a mesma coisa com as histórias de suas nações. Assim como poemas épicos, seus livros eram repletos de heróis, vilões e acontecimentos emocionantes. Tais histórias, diz o eminente historiador britânico Michael Howard, nos sustenta em ocasiões difíceis, mas são "histórias infantis".

O papel adequado para os historiadores, conforme Howard disse com propriedade, é discutir e até mesmo demolir os mitos nacionais. "A desilusão é uma etapa necessária ao crescimento e para que se possa pertencer ao mundo adulto; e é uma boa definição da diferença entre uma sociedade liberal ocidental e uma totalitária — seja ela comunista, fascista ou católica autoritária: enquanto na primeira o governo trata seus cidadãos como adultos responsáveis, a última não pode fazer o mesmo." Depois da Segunda Guerra Mundial, a maioria das democracias ocidentais tomaram a difícil e sábia decisão de encomendar histórias militares corretas sobre o conflito. Em outras palavras, contrataram historiadores profissionais e lhes deram acesso irrestrito aos arquivos. Os resultados trouxeram à tona histórias que não encobriram erros e falhas dos Aliados, mas que se esforçaram para pintar um quadro o mais real possível daquela luta grande e complicada.

A QUEM PERTENCE O PASSADO? 57

O caso inglês é bem interessante. O governo deu, inicialmente, livre acesso aos registros para Winston Churchill (e um acordo vantajoso de negociação de impostos) a fim de permitir que ele escrevesse sua grande história sobre a Segunda Guerra Mundial. Parte dessa intenção era garantir a certeza de que um relato inglês sobre a guerra fosse publicado antes da inevitável rapidez com que as memórias e histórias viriam dos Estados Unidos ou da Rússia. O resultado, como mostrou David Reynolds de forma convincente, foi um relato arrebatador e magistral que disfarçou muitas passagens embaraçosas. Por exemplo: Churchill foi comedido ao falar das discussões a portas fechadas no gabinete britânico naqueles dias sombrios de maio de 1940. A França tinha caído em poder dos nazistas, e, segundo o relato de Churchill, não houve qualquer discussão sobre o que deveria ser feito pelos britânicos, mas apenas a unanimidade de que era preciso que lutassem sozinhos. E escreveu: "As gerações futuras devem considerar que a questão suprema de se haveria a necessidade de lutar sozinhos ou não jamais encontrou um lugar na agenda do Gabinete da Guerra. Isso foi aceito por todos sem discussão, e estávamos muito ocupados para perder tempo com questões irreais e acadêmicas." De fato, como mostram os registros, o gabinete considerou as alternativas de modo adequado, sobretudo para ver se o ditador italiano Benito Mussolini poderia negociar a paz. Quando isso foi liminarmente rejeitado como um absurdo fadado a não chegar a lugar algum, ainda por cima correndo o risco de provocar uma catástrofe na moral britânica, o gabinete tomou sua decisão histórica.

Desde o início da guerra, entretanto, o governo britânico tinha também em mente que deveria haver uma história oficial e,

58 USOS E ABUSOS DA HISTÓRIA

em 1946, nomeou sir James Butler, um respeitável historiador, para administrar o que se esperava vir a ser uma série de volumes acerca dos diversos aspectos do esforço britânico de guerra. Butler deixou claro que, para garantir a reputação da série, desejava ter a liberdade de selecionar colaboradores individuais que fossem respeitáveis e independentes, e não especialistas militares. Além disso, seus historiadores deveriam ter total acesso aos registros escritos e liberdade para usar o que encontrassem desde que não prejudicasse a segurança nacional. Em consequência, as histórias oficiais inglesas são informativas, francas e em alguns momentos controvertidas. Uma delas, sobre um bombardeio contra a Alemanha, por exemplo, trata sem censura das desavenças no alto comando da Real Força Aérea sobre qual a melhor estratégia para causar danos mais efetivos, se um bombardeio por áreas ou um bombardeio de precisão. O que a primeira opção significava na prática era colocar na alça da mira as grandes cidades, em vez de aldeias, fábricas de munição ou depósitos de combustíveis. Quando, em 1959, o Ministério da Aeronáutica se opôs ao tamanho da área atingida revelado naqueles debates, dizendo que poderia prejudicar a Real Força Aérea, o secretario do gabinete, sir Norman Brook, contestou com firmeza. Argumentou que as histórias não se destinavam a camuflar os registros. Ao invés disso, por lidar com assuntos difíceis, elas deveriam ajudar os governos futuros a aprenderem com os erros do passado.

As histórias de Blunt nem sempre encontraram uma aprovação calorosa. Noble Frankland, o historiador que escreveu o relato oficial da campanha do bombardeio, foi submetido a várias críticas pessoais. Embora tenha sido piloto durante a operação militar e recebido a condecoração Distinguished Flying Cross, a imprensa conservadora do Reino Unido insinuou que seu julgamento tinha sido feito de modo inadequado. (De fato, ele tinha permanecido em terra durante oito semanas com pneumonia, mas depois disso voltou a voar sobre a Alemanha). Os críticos de Frankland afirmaram erradamente que ele não havia estado lá e que apenas aqueles que participaram do combate poderiam compreender tal operação militar. Muitos de seus críticos mais veementes admitiram não ter lido seu livro ou ter lido apenas alguns trechos, o que não os inibia nem um pouco em suas contestações. A sugestão de Frankland de que os recursos usados no bombardeio poderiam ter sido mais bem aplicados em outros lugares nos últimos meses da guerra e que sua eficácia em destruir o moral da Alemanha era discutível incendiou acusações de que ele tinha chamado toda a campanha de "um fracasso oneroso", palavras essas que com certeza jamais usou. Foi alardeado que ele estava insultando a memória de todos os que haviam morrido, ferindo os sentimentos dos sobreviventes e suas famílias. Um dos membros do Parlamento disse que ele era o exemplo típico do escritor cínico e inescrupuloso, daqueles que esperavam ganhar dinheiro com revelações sensacionalistas. As acusações feitas a Frankland encontram um paralelo naquelas feitas hoje em dia ao Museu de Guerra Canadense pela exposição sobre a mesma campanha do bombardeio. Os críticos dizem que o museu faz uma sugestão equivocada em uma placa com o título "Uma controvérsia resistente", que insinuaria que o bombardeio maciço das indústrias e das cidades alemãs foi imoral e ineficaz. Na verdade, o que estava implicitamente dito na placa era: "O valor e o aspecto moral do bombardeio estratégico ofensivo contra a Alemanha permanece amargamente contestado."

60 USOS E ABUSOS DA HISTÓRIA

E como com frequência acontece, a maneira com que o público reage ao trabalho dos historiadores tem muito a ver com o que está em questão no momento. No final dos anos 1950, a Inglaterra estava passando por um doloroso período de revisão enquanto se ajustava à diminuição de sua importância no mundo e aos seus flagrantes problemas sociais e econômicos domésticos. A aventura de Suez em 1956 foi um desastre que custou caro, e, embora Harold Macmillan, seu então novo primeiro-ministro conservador, tenha desenvolvido muito suas relações com os Estados Unidos, estava claro entre os dois parceiros qual era o país dominante. O império estava derretendo; Macmillan tinha acabado de fazer seu famoso discurso sobre a mudança de direção dos ventos que sopravam na África quando teve que decidir se permitiria ou não que o livro de Frankland fosse publicado. A Segunda Guerra Mundial assumiu uma importância ainda maior como um momento glorioso e corajoso quando os ingleses se uniram e a Grã-Bretanha tornou-se uma das três grandes potências. O misto de nostalgia e orgulho foi abordado de forma astuta e cruel pela revista satírica *Beyond the Fringe* em seu artigo "O pós-mito da Guerra". O relato claro e cuidadoso de Frankland acerca da campanha do bombardeio e suas revelações sobre os debates e discussões que ocorreram na época foram tidos como uma ducha de água fria.

O grande filósofo da história R.G. Collingwood escreveu em sua autobiografia que os historiadores examinam o passado com um olhar cuidadoso, mesmo que isso ameace explodir mitos endeusados: "Como o passado e o presente estão afastados um do outro, o conhecimento do passado não serve para muita coisa no presente. Mas, supondo que o passado viva no presente; conjecturando que esteja dentro dele e à primeira vista esteja oculto sob os aspectos mais importantes e contraditórios do presente, ainda assim ele está vivo e ativo; o historiador pode muito bem se relacionar com o não historiador do mesmo modo que um mateiro treinado se relaciona com um excursionista ignorante." Quando os historiadores mostram qualidades e apontam para ambiguidades, isso pode se tornar perturbador. É realmente importante saber se nossos grandes heróis, como Winston Churchill, cometeram erros bobos? Ou se houve e ainda há uma controvérsia a respeito da eficácia e da moralidade da campanha do bombardeio aéreo contra a Alemanha durante a Segunda Guerra Mundial? Ou se John F. Kennedy sofria de várias doenças e era perigosamente dependente de analgésicos? Acredito que devemos ter essas informações não por motivos vulgares, mas porque um quadro completo satisfaz mais aos adultos do que uma descrição resumida. Continuamos a ter heróis e a ter uma visão dos acertos e erros do passado e a nos alegrar pelas coisas terem acontecido de uma maneira e não de outra; mas temos de aceitar que na história, como em nossas vidas, muito poucas coisas são inteiramente brancas ou inteiramente pretas.

Os historiadores, é claro, não são os donos do passado. Ele pertence a todos nós. Mas, como os historiadores gastam seu tempo estudando a história, estão numa posição melhor para fazer juízos equilibrados do que os amadores. Os historiadores, afinal, são treinados para fazer perguntas, estabelecer conexões, coletar e examinar provas. De uma maneira ideal, possuem um cabedal considerável de conhecimentos e a compreensão do contexto de épocas e eventos. E, quando produzem um trabalho que confronta crenças arraigadas e mitos sobre o passado, são quase sempre acusados de elitistas, niilistas, ou de serem desconectados desse

62 USOS E ABUSOS DA HISTÓRIA

lugar imaginário, o chamado "mundo real". No caso da história recente, eles também são, como se disse de Noble Frankland, incapazes de ter uma opinião se não estavam presentes no instante em que aconteceu.

A ideia de que aqueles que fizeram parte dos grandes acontecimentos ou viveram em certas épocas têm uma compreensão superior à daqueles que vieram depois é de todo equivocada. A recente discussão no Museu de Guerra do Canadá sobre a campanha do bombardeio dos Aliados levantou acusações, já esperadas, de que os historiadores que montaram a exposição e os que a patrocinaram impediram a explanação do ponto de vista dos pilotos veteranos. O *National Post* disse que certamente "há a intenção da livre expressão e da não concordância com a sensibilidade particular de grupos de interessados. Entretanto, os veteranos não são um grupo qualquer de interessados." Eu fui uma das historiadoras chamadas para avaliar a exposição quando começou a confusão. (Apoiei a placa comemorativa e aconselhei com firmeza o Museu da Guerra a não recuar.) Quando minhas opiniões se tornaram conhecidas, comecei a receber cartas dizendo que eu não tinha autoridade para fazer comentários sobre a Segunda Guerra Mundial porque não havia participado dela. Ainda mais sendo mulher, disseram, o que é que eu poderia saber sobre questões militares? Verdade. Não recebi nenhum e-mail igual ao de um de meus colegas, que dizia: "Os veteranos fizeram mais pelo nosso país e pelo nosso modo de vida e mostraram mais coragem e dedicação ao dever do que você jamais fará. Como eles estiveram lá e você não, é totalmente razoável que tenham a palavra final para decidir se a placa é ou não correta."

Ter estado lá não aumenta necessariamente a percepção acerca dos acontecimentos; na verdade, às vezes acontece o oposto. Eu já era nascida durante a crise dos mísseis de Cuba, por exemplo, mas naquele tempo eu sabia apenas o que era veiculado pela mídia. Como milhões de outras pessoas, não sabia nada sobre os intensos debates que ocorriam em Washington e Moscou a respeito de como conduzir a crise. Não tinha ideia de que Kennedy possuía canais secretos de comunicação com os soviéticos ou que estes já tinham ogivas nucleares em Cuba. Não sabia que Fidel Castro estava preparado para ver seu país destruído se isso deixasse os soviéticos mais próximos da vitória na Guerra Fria. Foi só muito mais tarde, quando os documentos secretos começaram a surgir dos dois lados, que conseguimos ter uma noção mais detalhada e compreensível do que de fato estava acontecendo. A mesma lacuna existe entre as experiências dos veteranos e a história da campanha do bombardeio. Eles sabiam o que significava arriscar suas vidas sobrevoando a Alemanha, mas não podiam saber das discussões no gabinete britânico ou do impacto causado pelas bombas que despejavam. Isso só poderia vir à tona com o conhecimento posterior do que aconteceu e de muita pesquisa e análise.

As lembranças, como os psicólogos costumam nos dizer, são um assunto complicado. É verdade que todos nos lembramos de fragmentos do passado, com frequência com a nitidez de detalhes. Podemos nos lembrar da roupa que vestíamos e o que dissemos em ocasiões específicas, ou então do ambiente, dos cheiros, gostos e sons. Mas nem sempre nos lembramos com precisão. Dean Acheson, importante estadista americano, disse uma vez ao historiador Arthur Schlesinger Jr. que precisava de um Martíni bem forte depois de passar uma manhã com suas lembranças. Acheson vinha rascunhando um texto sobre o ataque a Pearl Harbor e se lembrava com clareza de ter estado no gabinete da

64 USOS E ABUSOS DA HISTÓRIA

presidência da República com o presidente Roosevelt e Cordell Hull, na época secretário de Estado, naquele fatídico dia de 1941, quando os Estados Unidos deram um passo decisivo para a guerra contra o Japão ao congelar os bens japoneses: "O presidente estava sentado em sua escrivaninha; Cordel Hull estava sentado no lado oposto, eu estava em uma cadeira ao lado do secretário", escreveu ele. O único problema foi que seu secretário tinha verificado os registros e descobriu que Hull não esteve em Washington naquele dia.

Nós nos enganamos ao pensar que as lembranças são como gravações numa pedra, que uma vez feitas jamais se modificam. Isso está longe de ser verdade. A memória não é apenas seletiva, ela é maleável. Durante a década de 1990, houve muito interesse e curiosidade pública pelo resgate de lembranças. Autoridades publicaram livros e apareceram na mídia afirmando que era possível reprimir por completo as recordações de eventos dolorosos e traumáticos. Trabalhando com terapeutas, muitos pacientes descobriram lembranças de coisas terríveis, como violência sexual infligida pelos próprios pais, canibalismo, cultos satânicos e assassinato. Muitas famílias e vidas, tanto dos acusados como de seus acusadores, foram destruídas. Agora, passado o pânico, admitimos com pesar que não há provas concretas de que seres humanos reprimam as recordações dolorosas. Em geral, as lembranças permanecem bastante vívidas.

Recentemente, os pesquisadores do Laboratório de Psiquiatria Biológica do Hospital McLean, filiados à Escola de Medicina de Harvard, fizeram um projeto de pesquisa sobre o que chamaram de síndrome da memória reprimida. O interesse deles foi consequência do súbito aparecimento de uma discussão no final do século XX. Se a síndrome estivesse fisicamente conectada ao

A QUEM PERTENCE O PASSADO? 65

cérebro humano, deveria então haver alguma evidência de sua manifestação ao longo da história. Eles encontraram exemplos na literatura do século XIX, mas, embora oferecessem recompensas, não surgiram exemplos, quer em ficção quer em não ficção, anteriores a 1800. Chegaram à conclusão de que "o fenômeno não é uma função neurológica natural, mas, em vez disso, é uma síndrome de 'laços culturais' enraizada no século XX". A preocupação dos românticos com o sobrenatural e a imaginação, pela natureza de trabalhos posteriores, especialmente os de Sigmund Freud, sobre o subconsciente, leva-nos a crer que a mente pode nos pregar grandes peças.

Reformulamos nossas lembranças através dos anos em parte devido a um instinto humano natural, a fim de tornar mais atraentes ou importantes os papéis que desempenhamos. Mas também os mudamos porque os momentos e as atitudes mudam com o passar dos anos. Nos primeiros anos depois da Primeira Guerra Mundial, os mortos eram celebrados na França e na Inglaterra como heróis que tombaram no campo de batalha defendendo a honra de suas civilizações. Só mais tarde, quando a desilusão com a guerra cresceu, os britânicos e os franceses passaram a se lembrar dos mortos como vítimas de uma luta inútil. Alteramos também lembranças que não mais nos parecem adequadas ou corretas. Quando entrevistei mulheres inglesas que tinham vivido na Índia durante o período do Raj — entre 1858 e 1947, quando a Inglaterra dominava a Índia —, eu sempre perguntava como tinham sido as relações entre os governantes ingleses e os cidadãos indianos. Todas elas invariavelmente me diziam que nunca houve qualquer tensão entre as raças e que os britânicos jamais expressaram sentimentos racistas. Agora sabemos por fontes contemporâneas — cartas, por exemplo, ou diários — que muitos,

66 USOS E ABUSOS DA HISTÓRIA

talvez a maioria, dos britânicos na Índia consideravam os indianos inferiores.

Costumamos refinar nossas lembranças na hora de recontálas. Primo Levi, que fez o que pôde para manter vivas sua lembranças dos campos de concentração nazistas, advertiu: "Uma lembrança evocada com frequência e expressa em forma de história tende a ficar presa a um estereótipo (...) cristalizada, aperfeiçoada, embelezada, instalando-se no lugar da lembrança original e crescendo às suas expensas." À medida que vamos tomando um conhecimento maior sobre o passado, tal conhecimento pode se tornar também parte de nossas recordações. O diretor do memorial Yad Vashem, em Israel, certa vez falou que a maior parte das histórias orais que ele havia coletado não era confiável. Os sobreviventes do Holocausto pensavam, por exemplo, que lembravam ter testemunhado atrocidades bem conhecidas quando na verdade jamais estiveram sequer perto dos lugares onde tais eventos aconteceram.

Nos anos 1920, o sociólogo francês Maurice Halbwachs cunhou o termo "memória coletiva" para as coisas que pensamos saber com certeza sobre o passado de nossas próprias sociedades. "Quase sempre", escreveu ele, "a memória coletiva, sobretudo a memória coletiva significativa, é entendida como aquela que expressa alguma verdade eterna ou essencial sobre a coletividade, quase trágica". Assim, os poloneses lembram a divisão de seu país — "o Cristo entre as nações" — no século XVIII como parte de sua autoflagelação como nação. Os sérvios relembram a batalha do Kosovo, em 1389, como uma derrota por terem perdido território, mas como sua vitória moral em sua luta sem fim contra os muçulmanos. As preocupações do presente com frequência afetam aquilo que lembramos enquanto sociedade. Kosovo

A QUEM PERTENCE O PASSADO? 67

adquiriu um significado profundo na memória dos sérvios pelo muito que lutaram para tornar seu país independente no século XIX. Em séculos anteriores, a luta era lembrada como um incidente dentro de uma história muito mais abrangente. A memória coletiva tem mais a ver com o presente do que com o passado, pois é um requisito para que a coletividade veja a si própria. E o que tal memória é pode ser, em muitas ocasiões, motivo de debate e discussão em que, nas palavras de Halbwachs "a competição entre as narrativas sobre os símbolos centrais do passado e as relações coletivas com esse passado são disputadas e negociadas a fim de redefinir o presente coletivo".

Em seu livro *The Holocaust in American Life*, Peter Novick discute com veemência que, para os judeus americanos, só nos anos 1960 o Holocausto se tornou o principal símbolo de identificação daquilo que eles eram. Logo depois da Segunda Guerra Mundial, poucos judeus americanos queriam lembrar que seus correligionários tinham sido vitimados. As organizações judaicas encorajavam suas comunidades a olhar para o futuro e não para o passado. Foi apenas nos anos 1960 que essa atitude começou a mudar, em parte, segundo argumentou Novick, quando o "vitimismo" começou a adquirir um status mais positivo e as guerras de 1967 e 1973 mostraram tanto o poder de Israel como sua contínua vulnerabilidade.

Os sionistas que iniciaram o audacioso projeto de recriação de um Estado judaico no século XIX passaram a procurar símbolos e ensinamentos na história dos judeus. Encontraram, entre muitas outras, a história de Massada. No ano 73 d.C., quando os romanos eliminaram os últimos resquícios da resistência judaica ao seu domínio, um grupo de cerca de mil homens, mulheres e crianças resistiu dentro da fortaleza de Massada, no alto

68 USOS E ABUSOS DA HISTÓRIA

das montanhas. Quando ficou claro que não tinham mais como se defender, Elazar Ben-Yair, líder da resistência, convenceu seus homens que era melhor a morte do que a submissão a Roma. Os homens então mataram suas mulheres e crianças e por último se suicidaram. A história ficou registrada, porém, não teve grande relevância para os judeus até a Idade Moderna. Massada foi tida não como um símbolo da submissão a um destino inevitável, mas sim de determinação do povo judeu para morrer se fosse necessário em sua luta pela liberdade. Em Israel, Massada se tornou um local de inspiração e peregrinação para militares e civis israelenses. Como reza um poema popular, "Massada jamais voltará a cair!". Nos últimos tempos, com o crescimento do pessimismo em Israel com relação às possibilidades de paz com seus vizinhos, outra memória coletiva sobre Massada vem ganhando forma: a de que há uma ideia de que os judeus sempre resistem à perseguição de seus inimigos.

Embora a memória coletiva esteja na maioria das vezes baseada em fatos, nem sempre isso acontece. Se você for à China, é bem provável que lhe contem a história que diz que o parque na área de concessão estrangeira de Shangai tinha inscrito, no portal de entrada, a seguinte frase: "Proibida a entrada de cães e chineses." Ainda que seja verdade que o parque fosse reservado a estrangeiros e o aviso fosse um insulto em si mesmo, para os chineses era um insulto eles serem comparados a cães. O problema é que não há nenhuma prova de que tal aviso tenha existido. Quando, em 1994, os historiadores chineses expressaram suas dúvidas sobre a história, a imprensa oficial reagiu com irritação. Um jornalista conhecido escreveu: "Algumas pessoas não entendem as humilhações da velha história chinesa ou então cultivam atitudes céticas e vão ainda mais longe quando tratam humilhações históricas sérias com leveza; isso é muito perigoso."

A QUEM PERTENCE O PASSADO? 69

Pode ser perigoso questionar as histórias que as pessoas contam sobre si mesmas porque muito de nossa identidade é moldada e faz parte de nossa história. É por isso que lidar com o passado e decidir que versão dele se quer ou o que se deseja recordar ou esquecer podem vir a ter um preço político muito alto.

4
HISTÓRIA E IDENTIDADE

Usamos os argumentos da história porque eles podem ser de grande relevância no presente. E os empregamos de várias maneiras: para nos direcionar na construção das metas para o futuro, para fazer reivindicações — de terras, por exemplo — e, infelizmente, para atacar e subestimar os outros. Pesquisar o passado pode ser uma espécie de terapia quando trazemos à tona algum conhecimento sobre nossa própria sociedade que tinha sido negligenciado ou reprimido. Para aqueles que não têm oportunidades ou acham que não as têm em quantidade suficiente, a história pode ser uma ferramenta para protestar contra sua marginalização ou contra movimentos ou ideias das quais não gostem, como a globalização. A história que mostra injustiças ou crimes cometidos no passado pode ser usada para se discutir um novo direcionamento para o presente. A todos nós, tanto os poderosos quanto os que não possuem poder algum, a história ajuda a definir e evidenciar nossa autencidade.

Quem sou eu? Essa é uma pergunta que nos fazemos, mas existe outra tão importante quanto essa que também deve ser feita: quem somos nós? Obtemos muito da nossa origem no lugar em que nascemos ou ao qual escolhemos pertencer. Gênero, etnia, orientação sexual, idade, classe, nacionalidade, religião, família, clã, geografia, ocupação, e, é claro, a história

74   USOS E ABUSOS DA HISTÓRIA

podem nos levar dos caminhos que definem nossa identidade. Da mesma forma que com o tempo mudamos nossa maneira de ser, a sociedade em que vivemos também apresenta novos comportamentos. O conceito de adolescente, por exemplo, era bem raro antes de 1900. As pessoas eram adultas ou crianças. No século XX, nos países desenvolvidos, as crianças permaneciam nas escolas durante muito mais tempo e por isso ficavam mais tempo dependentes dos pais. Os anos da adolescência tornaram a etapa entre a infância e a vida adulta bem longa. O mercado não deixou passar essa oportunidade e a partir de então surgiram roupas, músicas, revistas, livros, programas de televisão e de rádio específicos para adolescentes.

Nós não nos vemos apenas como indivíduos, mas também como pertencentes a um grupo determinado. Às vezes nossos grupos são pequenos, uma extensão da família talvez, e às vezes são imensos. Benedict Anderson cunhou a memorável expressão "comunidades idealizadas" para os grupos que, a exemplo de nações ou religiões, são tão grandes que jamais conheceremos todos os outros membros com os quais repartimos nossa lealdade. Os grupos divulgam sua identidade por meio de símbolos, sejam eles bandeiras, camisas ou canções. Nesse processo de definições, a história costuma desempenhar um papel chave. Os regimentos das forças armadas há muito perceberam a importância da história na criação de um sentimento de unidade. É por esta razão que preservam suas histórias e honras de batalhas de operações militares do passado. Não é nenhuma surpresa que as comemorações dos eventos do passado, quando celebradas, sejam sempre unilaterais ou simplistas.

Muitos americanos conhecem a história da cavalgada de Paul Revere, quando em 1755 o bravo patriota galopou sozinho

HISTÓRIA E IDENTIDADE   75

durante a noite toda para avisar seus companheiros revolucionários de que as tropas britânicas estavam preparando um ataque. Oito décadas mais tarde, Henry Wadsworth Longfellow ajudou a imprimir aquele momento na memória dos americanos com seu poema épico "A cavalgada de Paul Revere". Para tristeza dos historiadores, ele cometeu erros crassos nos detalhes de algumas passagens cruciais. Por exemplo: Revere não usou lanternas para sinalizar os movimentos das tropas britânicas ("uma piscada de luz para comunicar a invasão por terra e duas, pelo mar") do alto do campanário da igreja Old North. Ao invés disso, as tropas é que sinalizaram seus movimentos para ele. O mais importante talvez tenha sido o fato de ele não ter agido por si próprio, mas sim como parte de uma estratégia planejada e bem executada. Vários cavaleiros partiram naquela noite, tomando direções diferentes. David Hackett Fischer, que escreveu o estudo definitvo sobre a cavalgada, acha essa versão, mais verdadeira, preferível à de Longfellow. "Quanto mais aprendemos sobre esses mensageiros, mais interessante se torna a participação de Paul Revere — não apenas como a de um enviado isolado, mas a de um organizador e empreendedor de um esforço conjunto em favor da liberdade."

Os historiadores vêm examinando também o mito do Oeste americano. Centenas de filmes e milhares de romances sobre o assunto, de autores como Zane Grey (que esteve no Oeste apenas em sua lua de mel) e Karl May (que jamais esteve lá), ajudaram a criar a imagem de um mundo agreste em que caubóis rudes e colonizadores determinados enfrentaram hordas de índios selvagens. O mito produz um encanto poderoso. Do presidente Teddy Roosevelt ao presidente George W. Bush, as elites políticas americanas gostaram de se apresentar como aqueles caubóis

76 USOS E ABUSOS DA HISTÓRIA

rudes. Até mesmo Henry Kissinger, por incrível que pareça, foi enfeitiçado por essa imagem. "Os americanos gostam do caubói que conduz uma caravana de carroças cavalgando à frente dela, sozinho em seu cavalo", disse ele à jornalista italiana Oriana Fallaci. "Ele age pelo fato de estar no lugar certo na hora certa." Todavia, no velho Oeste de verdade, durou pouco esse tempo em que caravanas de carroças cruzavam as fronteiras sem leis, aproximadamente até 1840, quando os colonizadores migraram, em número cada vez maior, para o oeste do Rio Missouri com o objetivo de abrir a primeira estrada de ferro transcontinental em 1869. Além disso, muitos dos estereótipos familiares se modificaram em algo mais complexo e até mesmo perturbador. Os caubóis eram quase sempre jovens armados e impetuosos que hoje em dia podem ser encontrados nas gangues urbanas ou nas cadeias. Billy the Kid era um assassino charmoso e frio. Miss Kitty Russell, a atraente e calorosa proprietária de *saloon* da série de televisão *Gunsmoke*, deveria ser bem diferente na vida real do velho Oeste. Na fronteira, as mulheres de sua categoria eram prostitutas pagas de forma miserável, quase sempre bêbadas e infestadas de doenças. Muitas delas se matavam.

Nos Estados Unidos, os mitos nacionais tradicionais têm sido ameaçados pelos regionais, que se fortalecem sobretudo no Sul do país. Os americanos brancos sulistas desenvolveram sua própria história depois da Guerra Civil. Por motivos óbvios, o velho Sul do pré-guerra adquiriu um brilho dourado, numa época em que os homens viraram cavalheiros, as mulheres, damas, e a gentileza e a cortesia passaram a marcar as relações entre as pessoas, mesmo entre os senhores e seus escravos. A vitória ianque colocou um ponto final naquele progresso, e a reconstrução só trouxe prejuízos e degradação. A United Daughters of the Confederacy

HISTÓRIA E IDENTIDADE 77

— sociedade nacional de mulheres descendentes dos confederados — monitorou os currículos escolares de modo a garantir que
sua versão do passado fosse ensinada nas escolas sulistas. Os editores de livros didáticos se adequaram, publicando textos com
versões diferentes da história americana: para o Sul, que mini-
mizava a escravidão e ignorava sua brutalidade, e outra para as
escolas nortistas. Dessa forma, mesmo às crianças negras em suas
escolas segregadas era apresentado um quadro de que no Sul não
existia mais a escravidão e o racismo. E assim elas aprendiam que
os africanos eram afortunados porque foram trazidos para a
América e postos em contato com a civilização europeia. Era uma
pena, concluíam os textos com tristeza, que os africanos não
possuíssem a capacidade inata para tirar vantagem da oportunidade oferecida. Os professores negros fizeram o melhor que puderam para neutralizar tais visões, introduzindo em suas escolas
a história dos africanos e dos afro-americanos, o que nem sempre era fácil, uma vez que os currículos tinham de ser aprovados
por comitês escolares formados por brancos.

As comemorações públicas, os museus e os arquivos reforça-
ram a versão branca da história sulista. Por todo o Sul, espaços
públicos como parques e praças recebiam nomes e monumentos
de heróis confederados. Em 1957, o estado da Virgínia realizou
uma cerimônia para comemorar o 350º aniversário de sua primeira colônia, em Jamestown. O passado que estava sendo comemorado era inteiramente branco; não havia qualquer menção
aos índios da região ou aos africanos que estavam para ser trazidos para lá poucos anos depois. Não havia negros entre os convidados; seis foram convidados por engano, e seus convites foram
cancelados rapidamente.

78 USOS E ABUSOS DA HISTÓRIA

Nos anos 1960, com o crescimento do movimento pelos direitos civis, o equilíbrio do poder no Sul começou a mudar e com ele mudou a história sulista. Um após outro, os estados promoveram a integração racial em suas escolas, e os velhos livros didáticos se tornaram constrangedores. Em suas exposições, os museus do Sul começaram a reconhecer a presença negra em suas apresentações e exposições públicas. Foi com certeza um sinal dos novos tempos o Museu da Confederação ter exposto grilhões de ferro com os quais se prendiam os escravos pelos tornozelos. Os negros do Sul pressionaram para ter seus próprios museus de história negra e da história dos direitos civis. Isso nem sempre foi algo fácil, e não só devido a uma oposição branca ferrenha. Como a história negra fora desprezada pelas instituições brancas dominantes, muitos documentos e artefatos que poderiam servir para ilustrá-la simplesmente não existiam mais. Os negros exigiram cada vez mais que seus heróis fossem celebrados nos espaços públicos. Em Richmond, na Virgínia, em 1977, quando foi eleito pela primeira vez um conselho de maioria negra, inaugurou-se um monumento para o grande tenista negro Arthur Ashe, erguido junto aos dos heróis da Guerra Civil na Avenida dos Monumentos, e em 2000 duas pontes sobre o rio Potomac que eram conhecidas como Stonewall Jackson e Jeb Stuart, dois grandes soldados da Guerra Civil, mudaram seus nomes para homenagear dois defensores locais dos direitos civis.

Faz pouco tempo que os brancos e os negros do Sul tentam partilhar uma história comum. Em 1999, negros e brancos estiveram juntos no descerramento de uma placa que marcava o linchamento de dois casais de negros ocorrido há um século e meio. Foi a primeira vez que a história deplorável daquele episódio foi publicamente reconhecida na Geórgia. "Já é tempo de cuidar das feridas", publicou um jornal local. Em Williamsburg, na Virgínia, cidade colonial que foi cuidadosamente preservada sem qualquer referência à sua grande população de escravos e onde as interpretações históricas eram representadas apenas por brancos, a nova história encenou as relações entre os escravos e seus senhores. Às vezes os turistas mais exaltados interfeririam quando as cenas de espancamentos de escravos fugitivos eram realistas demais. E nem todos gostavam de presenciar aquela visão mais fiel do passado. Muitos diziam que a história deveria ser edificante, e não deprimente. Os opositores do monumento na Virgínia que mostrava uma revolta de escravos fracassada argumentaram que ele glorificava a violência.

Nesses nossos tempos instáveis e incertos, o sentimento de que somos parte de algo pode ser reconfortante. Quer sejamos cristãos, muçulmanos, canadenses, escoceses ou gays, essa consciência evidencia que pertencemos a algo maior, mais estável e mais duradouro do que nós mesmos. Nosso grupo é anterior a nós e presumimos que irá sobreviver à nossa morte. Como muitos entre nós não acreditam em uma vida após a morte, isso nos confere certa imortalidade. A identidade, por outro lado, pode ser uma armadilha que nos aprisiona e nos separa dos outros. Costuma-se dizer aos meninos vitorianos: "Não chore, você é um pequeno inglês." Às mulheres foi dito repetidas vezes que elas, como parte de um grupo, tinham que ser dóceis e submissas. Aos vizinhos se dizia que não confiassem uns nos outros porque poderiam ser sérvios ou croatas, muçulmanos ou judeus. Em Toronto, onde fui criada, os católicos e os protestantes frequentavam escolas separadas. Era considerado motivo de escândalo e vergonha o membro de uma dessas comunidades escolher casar com um integrante da outra.

80 USOS E ABUSOS DA HISTÓRIA

A história é um meio de estimular uma comunidade idealizada. Os nacionalistas, por exemplo, gostam de dizer que sua nação existe desde sempre, segundo suas conveniências, em uma área indefinida, "nas brumas dos tempos". A Igreja Anglicana sustenta que, apesar de sua separação de Roma durante a Reforma, ela é parte de um progresso contínuo da Igreja primitiva. Na realidade, um exame de qualquer grupo mostra que sua identidade é um processo, e não algo estático. Os grupos se definem e se redefinem através dos tempos como resposta a um desenvolvimento interno, um despertar religioso, talvez, ou devido a pressões externas. Se você é oprimido, como os gays foram e ainda continuam sendo em muitas sociedades, isso se torna parte de como você se coloca. Às vezes, tal julgamento pessoal leva a uma competição desnecessária por causa do complexo de vítima. Os negros americanos viram com ressentimento que as homenagens pelo Holocausto tiveram um destaque muito importante na consciência americana. E a escravidão também não foi um crime monstruoso?, perguntaram alguns.

Quando um grupo que tenha sido marginalizado ou ignorado anteriormente desenvolve a consciência de si mesmo, inevitavelmente o passado entra em jogo. Quando as mulheres e os homossexuais começaram a pressionar e exigir direitos plenos, por exemplo, suas histórias também se desenvolveram. Ao examinar as maneiras pelas quais no passado as mulheres e os gays estiveram em desvantagem ou como contestaram ou, ainda, ao descobrir e repassar as histórias sobre as primeiras feministas ou os ativistas gays pioneiros, os historiadores ajudaram a criar um senso de solidariedade e até mesmo um senso de direito adquirido a alguma forma de indenização.

HISTÓRIA E IDENTIDADE   81

Nos anos 1920, o educador e historiador americano negro Carter G. Woodson criou a Semana da História Negra para mudar a mentalidade estereotipada dos brancos, dando destaque às conquistas negras. Nos anos 1970, os negros americanos conseguiram conquistar seus direitos através de movimentos pelos direitos civis, o que aumentou muito o orgulho por sua raça. Em 1976, quando os Estados Unidos celebravam os duzentos anos de sua independência, a semana de Woodson passou a ser o Mês da História Negra. O presidente Gerald Ford mandou uma mensagem amistosa: "O último quarto de século afinal testemunhou um passo significativo em direção à completa integração dos negros em todas as áreas da vida nacional. Celebrando o Mês da História Negra, ficamos satisfeitos com esse progresso recente na realização dos ideais de nossos Pais Fundadores. Além disso, devemos aproveitar a oportunidade para homenagear as realizações, quase sempre ignoradas, dos negros americanos em todas as áreas nas quais se empenharam durante nossa história." No Reino Unido, o mês equivalente celebra as contribuições dos negros para a sociedade britânica visando ao incentivo do sentimento de orgulho por sua própria cultura. Nos anos 1990, no Canadá, os pais de crianças negras questionaram por que as escolas divulgavam até aquele momento tão pouco sobre a contribuição dos negros para o país. "Na América, os africanos foram deixados do lado de fora", disse o diretor do Centro Cultural Negro na Nova Escócia. Agora, com os negros inseridos na sociedade, é preciso que conheçam sua história. Para os líderes negros, a história deles foi uma maneira de lutar contra um mundo hostil e superar estereótipos. Em 1995, em resposta à pressão feita pelos negros canadenses, o governo decretou que o Canadá teria o seu Mês da

82 USOS E ABUSOS DA HISTÓRIA

História Negra "para comemorar as muitas conquistas e contribuições dos negros canadenses, que, ao longo da história, realizaram muito para tornar o Canadá a nação culturalmente diversificada, humana e próspera que hoje conhecemos".

Atualmente, os ativistas surdos que defendem a tese de que a surdez não é uma deficiência e sim um marco de diferenciação estão no processo de criação de uma Nação Surda. Eles se opõem a tratamentos médicos como os implantes de cóclea e a esforços para treinar crianças surdas a falar (referem-se com desprezo ao "oralismo") e insistem que a linguagem de sinais é perfeita. O uso do S maiúsculo na referência à surdez simboliza que ela é uma cultura e não apenas a perda da audição. Os acadêmicos apresentam artigos e dão cursos sobre a história da surdez e publicam livros com títulos como *O legado dos surdos no Canadá: uma cultura singular, diferente e duradoura* ou *O legado dos surdos britânicos*. Em 1984, um professor americano chamado Harlan Lane começou a pesquisar e publicar material sobre a opressão sofrida pelos surdos no passado. Embora ele tenha audição normal, está aprendendo a linguagem dos sinais.

Hoje em dia, aqueles que se consideram surdos costumam usar uma fita azul, pois era desse modo que os nazistas os identificavam. Em 1999, na Austrália, em uma cerimônia formal dos que usavam fitas azuis, sete narradores surdos portando velas falaram sobre a cultura, a história e a sobrevivência deles enquanto comunidade. "Nós nos lembramos dos surdos que foram vítimas do oralismo em sua educação, aos quais foi negado o uso da linguagem dos sinais e de professores surdos." E, prosseguiu ele, "nós nos lembramos das constantes tentativas de nos eliminar ou impedir nosso nascimento com esterilizações impostas, não permitindo que pessoas surdas se casassem entre si". Em um congresso recente de surdos no Reino Unido, Lane disse aos que o

HISTÓRIA E IDENTIDADE 83

assistiam que os fonoaudiólogos e os fabricantes de aparelhos para surdez nos Estados Unidos se uniram num *lobby* poderoso para pulverizar a minoria de surdos. Paddy Ladd, professor britânico igualmente entusiasta da ideia e que é surdo, saudou o acadêmico francês do século XIX Ferdinand Berthier, cujos esforços para construir uma comunidade internacional de surdos, segundo Ladd, foram frustrados pelos imperialistas da oralidade. Como diz a história dos surdos, houve uma época feliz, uma era de ouro quando um venerável religioso francês fundou uma escola para crianças surdas na segunda metade do século XVIII e entendeu que elas deveriam ter a sua própria linguagem de sinais. Infelizmente para os ativistas surdos, os registros mostram que ele pretendia que a linguagem dos sinais não fosse um fim em si mesma, mas um estágio na direção de ensinar a seus alunos a leitura labial e talvez até mesmo a falar.

As eras de ouro perdidas podem ser ferramentas eficientes para a motivação de pessoas no presente. "A unificação era e é o destino da Itália", disse com entusiasmo Giuseppe Mazzini, o grande nacionalista italiano do século XIX, à península dividida. "A supremacia civil, exercida duas vezes na Itália — por meio das armas dos césares e da voz do papa —, está destinada a ser exercida uma terceira vez pelo povo da Itália — a nação italiana." Mazzini era também um liberal que acreditava que um mundo cheio de povos que se auto governassem poderia ser feliz, democrático e pacífico, embora houvesse um tom ameaçador em suas incitações: "Aqueles que há quarenta anos foram incapazes de perceber os sinais do progresso em direção à unidade feitos em períodos sucessivos da história italiana, ficaram simplesmente cegos para a luz da História. Mas se fosse feito, em face das reais manifestações gloriosas de nosso povo, algum esforço para guiá-los de volta

84 USOS E ABUSOS DA HISTÓRIA

aos ideais de confederação e de liberdade provincial independente, mereceriam o estigma de traidores de sua pátria." Um grande passado pode ser uma promessa, assim como se tornar um fardo terrível. Mussolini prometeu aos italianos um segundo Império Romano e os levou ao desastre na Segunda Guerra Mundial.

Os nacionalistas gregos do início do século XIX e aqueles que eram seus apoiadores na Europa acreditavam que estavam libertando do império otomano os herdeiros de sua civilização grega clássica. A história iria conceder-lhes uma segunda oportunidade. Os acadêmicos gregos escreveram livros mostrando que havia uma linha direta do mundo clássico para o moderno. (Fizeram vista grossa para os quatro séculos de dominação otomana.) Os acadêmicos estrangeiros que sugeriram que tal visão era muito simplista foram ridicularizados ou ignorados. A escrita grega foi moldada na clássica. Por esse motivo, muitas gerações de crianças tiveram dificuldades na escola com uma linguagem que era muito diferente daquela que falavam. Foi apenas em 1976 que o governo afinal cedeu e tornou o grego moderno a sua língua oficial. A promessa de um renascimento do império grego era um perigo que o passado guardava. O proeminente estadista grego Eleuthérios Venizélos, em uma ocasião durante a Primeira Guerra Mundial, reuniu os amigos em volta de um mapa e desenhou o contorno da Grécia antiga, no apogeu de sua ascendência, para além das novas fronteiras. Seu contorno incluía a maior parte da Turquia moderna, boa parte da Albânia e a maioria das ilhas do Mediterrâneo oriental. (Ele poderia ter até mesmo incluído partes da Itália, mas não o fez.) Sob a influência dessa ideia desmedida e megalômana, enviou soldados à Ásia Menor em 1919 para reclamar a posse das antigas terras gregas. O resultado foi uma catástrofe tanto para os soldados quanto para os inocentes civis gregos que viviam há gerações no lugar que se tornara a Turquia moderna. Os soldados turcos se insurgiram sob o comando de Kemal Atatürk e pressionaram as tropas gregas a recuar, e centenas de milhares de refugiados desnorteados, muitos dos quais pouco conheciam da Grécia, os seguiram. Por sua vez, milhares de turcos que só se distinguiam de seus vizinhos gregos pela religião abandonaram suas casas e aldeias e as trocaram pela Turquia. Os acontecimentos daqueles anos passaram a fazer parte da história e envenenaram as relações entre a Grécia e a Turquia até os dias de hoje.

As ideologias também evocam a história, mas nas mãos delas o passado se transforma em profecia. Os que creem podem ter sofrido, e talvez continuem sofrendo, mas a história está caminhando em direção a um fim predeterminado. Seja secular, como o marxismo ou o fascismo, ou religiosa, como a dos fundamentalistas de vários credos, a história que nos é contada é ao mesmo tempo impressionante pela simplicidade e a abrangência. Cada um de seus momentos faz parte do todo em que tudo está explicado. O escritor Arthur Koestler lembrou-se do grande alívio e prazer que sentiu quando descobriu o marxismo nos conturbados anos em que a República de Weimar estava ruindo e os nazistas ascendiam ao poder. O passado, o presente e o futuro se tornaram todos compreensíveis: "A nova luz parece brotar de todas as direções do cérebro; todo o universo se ajusta como as peças soltas de um quebra-cabeça montadas de um só golpe."

Karl Marx acreditou ter descoberto que a história tinha leis, assim como as das ciências, e que elas mostravam um futuro comunista que estava prestes a chegar. A história havia começado com um comunismo primitivo, um mundo român-

86 USOS E ABUSOS DA HISTÓRIA

tico de caçadores e coletores, no qual não existia propriedade privada e todos dividiam tudo de acordo com as necessidades. O final da história seria, conforme a promessa de Marx, uma sociedade semelhante, só que dessa vez muito mais próspera, graças a novos e melhores modelos de produção. O fascismo, como o comunismo, viu-se confrontado pelo futuro, mas também evocou velhas emoções e lembranças. Os nazistas tiraram grande partido de mitos antigos, lendas e figuras históricas como Frederico, o Grande, Frederico Barba-Roxa, que foi coroado rei dos germanos no século XII, e os Cavaleiros Teutônicos contemporâneos, cujas cruzadas chegaram não apenas à Terra Santa, mas também ao Báltico. Tudo isso tinha a intenção de mostrar o gênio e a continuidade da raça alemã — e a necessidade de ela continuar sua marcha. "Começaremos de onde paramos há seiscentos anos", escreveu Hitler em *Mein Kampf.* "Paramos os movimentos finais alemães para o sul e para o oeste e voltamos nosso olhar para as terras do leste." Os religiosos fundamentalistas, é claro, fazem mais ou menos o mesmo ao chamarem os fiéis de volta para a "verdadeira" religião, como foi no início após as revelações divinas. Eles também predizem uma época de ouro em que todos os fiéis irão viver em harmonia e obediência às leis que lhes foram apresentadas. Os fundamentalistas muçulmanos, por exemplo, desejam reviver o califado e trazer de volta a lei sharia (embora seja difícil decidir qual das inúmeras escolas charia deveriam seguir).

Contratempos e fracassos fazem parte de tais histórias, mais do que contestações às suas verdades. Se os fiéis sofreram, isso se deve às tramas e conspirações de seus inimigos. No caso de Hitler, é claro, os culpados eram os judeus. Eles começaram a Primeira

HISTÓRIA E IDENTIDADE 87

Guerra Mundial, criaram a Revolução Bolchevique e causaram o sofrimento da Alemanha após a assinatura do Tratado de Versalhes. Hitler os advertiu muitas vezes de que, se ousassem iniciar outra guerra, ele poderia destruí-los, "a gentalha da Europa". A Segunda Guerra Mundial foi culpa dos judeus e era chegada a hora de neutralizá-los de uma vez por todas. Se houve alguém responsável por aquela guerra, esse alguém foi o próprio Hitler, mas a lógica e a razão não pertencem a formas fechadas de ver o mundo. Em 1991, o televangelista americano Pat Robertson alertou que a vitória de Bush pai sobre o Iraque não foi aquela mostrada. Ela estava preparando o terreno não para a paz, mas para o triunfo do mal. Para Robertson, tudo era muito claro. Desde a Revolução Bolchevique de 1917, estava em andamento uma conspiração secreta que empurrava o mundo em direção ao socialismo e ao triunfo do Anticristo. A União Europeia com certeza fazia parte da trama, da mesma forma que as Nações Unidas. A Guerra do Golfo e os mísseis que Saddam Hussein disparou contra Israel eram passos adicionais em direção a um acerto de contas final.

Lembrar os males do passado ajuda a sustentar os fiéis fervorosos. O presente pode sim parecer negro, mas isso também faz parte da história desde antes da vitória dos fiéis — e da chegada de um paraíso na terra ou nos céus. Algumas semanas depois do 11 de Setembro de 2001, Osama Bin Laden divulgou uma fita na qual estava exultante pela destruição das torres do World Trade Center: "Nossa nação islâmica também experimentou o mesmo durante mais de 80 anos; a mesma humilhação e desgraça, os filhos mortos e o sangue derramado, os valores sagrados profanados." Poucas pessoas no Ocidente sabiam que, para ele, a

88   USOS E ABUSOS DA HISTÓRIA

degradação muçulmana começara na Idade Moderna com a abolição do califado. Em 1924, num movimento que quase passou despercebido no Ocidente, Atatürk, o fundador de uma Turquia nova e secular, aboliu o último gabinete formado pelos sultões otomanos depostos. Como califas, eles se atribuíam liderança espiritual sobre os muçulmanos do mundo. O último deles, um nobre poeta, partiu secretamente para o exílio. Para muitos muçulmanos, da Índia ao Oriente Médio, a abolição foi um duro golpe em seus sonhos de um mundo muçulmano governado segundo as leis de Deus. Para Bin Laden e aqueles que pensavam como ele, a desunião entre os muçulmanos tinha permitido que os poderes do Ocidente os intimidassem, roubassem seu petróleo e, com a fundação de Israel, sua terra, visando corromper seus líderes e deixar os mulçumanos fora do caminho. Os governantes sauditas cometeram o maior dos pecados ao permitir que os Estados Unidos entrassem com suas tropas em seu solo abençoado, onde os muçulmanos tinham seus sítios mais sagrados. Na história de Bin Laden estão incluídos muito mais do que os últimos 80 anos. As cruzadas, a derrota dos mouros na Espanha, o imperialismo Ocidental no século XIX e os males do século XX, tudo isso contribuiu para a história negra da humilhação e do sofrimento muçulmano. Essa é a história que mantém seus seguidores revoltados e motivados e que atrai novos recrutas.

Embora a maioria de nós não tenha tal visão simplista do mundo, ainda assim achamos que a história pode ser útil para justificar o que estamos fazendo no presente. Em 2007, Stephen Harper, primeiro-ministro do Canadá, fez uma visita à França por ocasião da reinauguração do memorial de Vimy Ridge, em homenagem aos muitos soldados canadenses que morreram lá, em 1917, na Primeira Guerra Mundial. Os canadenses estavam

HISTÓRIA E IDENTIDADE 89

constrangidos com a contribuição que seu governo deu a Bush na guerra contra o terror e com as baixas sofridas pelas tropas canadenses no Afeganistão. Harper já tinha deixado claro seu ponto de vista: o interesse do Canadá está em apoiar Washington em cada questão internacional importante e manter as tropas canadenses no Afeganistão durante um futuro próximo. Em seu discurso, ele destacou o triunfo que a tomada de Vimy Ridge representou para as tropas canadenses e enfatizou que aquele tinha sido um grande momento na criação da nação canadense. "Toda nação tem uma história de sua origem para contar", disse. "A Primeira Guerra Mundial e a batalha de Vimy Ridge são fundamentais para a história do nosso país." Os canadenses pagaram um alto preço por aquela vitória. Com uma escolha infeliz de palavras, que deixaram seu significado em suspenso entre a saudação e a condenação, ele disse ao vivo que eles tinham a obrigação de lembrar a "enormidade" daquele sacrifício e a "enormidade" do dever concernente a todos, que era "seguir aquele exemplo e amar o nosso país e defender a sua liberdade para sempre". E pediu à plateia, tanto aos que se encontravam ali como aos que estavam no Canadá, que escutasse as vozes dos mortos. "Podemos ouvi-los falar com doçura: amo minha família, amo meus camaradas, amo meu país e defenderei sua liberdade até o fim."

Nem todos no Canadá irão concordar com a interpretação de Harper para o que Vimy Ridge significa hoje. Temos uma multiplicidade de opiniões sobre o passado e o seu significado no presente. Em comparação, o Partido Comunista Chinês faz o melhor que pode para que o público tenha apenas uma versão da história. Quando saiu o meu livro sobre a viagem de Nixon à China em 1972, os editores chineses mostraram interesse em traduzi-lo. Entretanto, pequenas mudanças teriam de ser feitas.

90   USOS E ABUSOS DA HISTÓRIA

As menções à Revolução Cultural e aos escândalos da vida privada de Mao deveriam ser retiradas. (O livro não foi publicado na China.) Embora o Partido Comunista tenha repudiado a maioria das políticas de Mao, continua a mantê-lo como o pai da Revolução Comunista. Questioná-lo equivaleria a minar a própria autoridade do Partido para governar a China.

Os regimes autoritários consideram que o uso criterioso do passado é um meio útil de controle social. Nos anos 1990, o Partido Comunista Chinês tomou consciência do declínio da ideologia comunista e da exigência por maior democracia, o que acabou provocando as manifestações na Praça da Paz Celestial em 1989. Em 1994, um membro do politburo, a espinha dorsal do PCC, assistiu a uma cerimônia em homenagem ao imperador Amarelo, uma figura provavelmente mítica de cinco mil anos de idade que era tido como o pai de toda a etnia chinesa. Parecia bastante com o culto de adoração aos antepassados, uma das muitas práticas tradicionais que os comunistas tinham condenado. No ano seguinte, as autoridades permitiram uma grande conferência sobre Confúcio. Vinte anos antes, sob o olhar de aprovação de Mao, a Guarda Vermelha havia queimado as obras clássicas de Confúcio e feito o máximo possível para destruir o túmulo do filósofo. O PCC também patrocinou uma grande campanha de educação patriótica que enfatizava, conforme a diretriz oficial, "o patriotismo do povo chinês e suas bravas ações patrióticas". A Grande Muralha, que em décadas anteriores tinha sido condenada pelo que custou de vidas chinesas, tornava-se agora símbolo da força de vontade e do triunfo Chinês. Pouco foi dito a respeito das maravilhas do socialismo, mas as conquistas passadas da China foram impecavelmente associadas ao governo do Partido: "O patriotismo é um conceito histórico que tem conotações

HISTÓRIA E IDENTIDADE 91

específicas diferentes em estágios e períodos distintos do desenvolvimento social. Na China contemporânea, o patriotismo é, em essência, idêntico ao socialismo." Em outras palavras, ser leal à China significa ser leal ao PCC. A história da China foi apresentada como a história da luta do povo chinês de muitos séculos atrás em prol da união e do progresso frente à interferência e opressão vindas do exterior. O fracasso da China em sediar os Jogos Olímpicos de 2000, as Guerras do Ópio no início do século XIX, a condenação feita por estrangeiros aos brutais acontecimentos da Praça da Paz Celestial e a invasão japonesa no século XX foram colocados num mesmo pacote como parte da pertinaz intenção imperialista de destruir a nação chinesa.

É muito fácil pesquisar o passado e não achar outra coisa senão uma lista de decepções, e muitos países e povos conhecem muito bem tal experiência. Nos anos 1970, os nacionalistas da América Latina punham a culpa de todos os problemas da atualidade no colonialismo. Os chineses insistiam em seu Século de Humilhações e nos males que sofreram nas mãos dos imperialistas. Quando foi formada a nova Iugoslávia depois da Primeira Guerra Mundial, os sérvios e os croatas relembraram suas histórias de maneiras bem distintas. Enquanto os sérvios se viam como tendo libertado seus compatriotas do sul, os eslavos, a história dos croatas dizia que eles foram empurrados a contragosto para um país dominado pelos sérvios e impedidos de participar de seu próprio governo.

Os nacionalistas franco-canadenses refizeram um passado no qual a conquista pelos britânicos em 1763 significou dois séculos e meio de humilhação. Minimizaram ou ignoraram os exemplos vários e reincidentes de cooperação e boas relações entre os

92 USOS E ABUSOS DA HISTÓRIA

franceses e os anglo-canadenses. Os franco-canadenses — inocentes, benevolentes, amistosos e tolerantes para com os outros — são os heróis da história; os ingleses — impiedosos, frios e argentários — são os vilões. Esther Delisle, uma historiadora de Quebec, tem penetrado no âmago da questão e apontado as ambiguidades desse quadro. Ela argumenta que o abade Lionel Groulx, um famoso acadêmico e professor, tornou-se um ícone para os nacionalistas franco-canadenses, que fizeram vista grossa para o seu antissemitismo. Enquanto os nacionalistas destacaram os malefícios impostos a Quebec na crise da convocação para o serviço militar obrigatório durante as duas guerras mundiais, ela enfatiza que eles deixaram de perceber que nessa época havia em Quebec uma considerável simpatia pelo governo pró-nazista de Vichy na França. Como os trabalhos recentes sobre Pierre Trudeau confirmam, ele, assim como outros membros da então jovem elite francesa, pautou sua vida e sua carreira entre 1939 e 1945 sem prestar muita atenção ao que acontecia pelo mundo. Delisle escreve que "lendo as memórias de Pierre Elliott Trudeau, Gérard Pelletier e Gérard Filion, entre outros franco-canadenses voltados para o prestígio de suas carreiras, chega-se à conclusão de que eles nada viram, ouviram ou disseram àquela época, e que estavam interessados apenas (e nem tanto assim) na luta contra a convocação (...) Há muito mais coisas sobre o silêncio e as mentiras do que um mero arranhão narcisista. Há a necessidade de esconder posições que a vitória dos aliados tornou inexplicáveis. Esses homens deveriam, no pior dos casos, esquecer e fazer com que outros esquecessem sua atração pelos cantos da sereia do fascismo e da ditadura e, no melhor, sua falta de oposição a eles."

As glórias ou os fracassos do passado são ferramentas úteis no presente, porém muitas vezes elas surgem de um uso indevido

HISTÓRIA E IDENTIDADE   93

da história. Também é um abuso da história quando se tenta ignorar ou mesmo suprimir provas que possam contestar a visão predominante que se tem do passado. No Japão, atualmente, a direita nacionalista está furiosa com os arqueólogos que vão examinar alguns túmulos dispersos onde gerações da família real japonesa estão sepultadas. Os estudiosos têm reivindicado o direito de pesquisar os sítios, alguns deles dos séculos III e IV. A fúria nacionalista aumenta por causa da crença de que o imperador é sagrado e, acima de tudo, é descendente de uma linhagem contínua proveniente do Sol. O Japão, na visão nacionalista, é uma "terra divina". A explicação mais prosaica é que a família real se originou na China ou na Coreia; mesmo que isso não seja verdade, é provável que tenha havido muitos casamentos entre os japoneses e os habitantes do continente, e sendo assim o sangue da família imperial pode conter genes não japoneses. Se as pesquisas encontrarem provas que confirmem tal hipótese, uma parte crucial da mitologia nacionalista estará destruída.

O valor dado aos sítios tem variado conforme a política vigente. Enquanto os imperadores eram meros símbolos, os sítios estavam esquecidos. Com a reforma Meiji na segunda metade do século XIX, a partir da qual o Japão iniciou seu grande projeto nacional de modernização rápida, o imperador serviu como símbolo representativo da vontade nacional, e em torno dele foi construído um culto nacionalista. Quando os túmulos supostamente imperiais foram descobertos, o governo comprou as terras onde se encontravam e fez com que seus proprietários se mudassem. Não foi permitida qualquer escavação a não ser após a derrota do Japão em 1945. Quando o Japão foi ocupado pelos americanos, iniciou-se um programa ambicioso para remodelar a sociedade japonesa, o que incluía escrever uma nova versão da história

94 USOS E ABUSOS DA HISTÓRIA

do país. A proibição das escavações foi, em teoria, revogada e várias descobertas foram feitas, apontando para uma grande influência tanto da China como da Coreia na cultura japonesa primitiva. Entretanto, o acesso aos sítios arqueológicos permanece difícil porque a Representação da Casa Imperial, que controla os bens e propriedades imperiais, continua a insistir que os sítios são sagrados e que os espíritos dos ancestrais dos imperadores não devem ser perturbados. Os arqueólogos continuam exigindo que a Representação permita acesso total. Muitos receberam ameaças de morte de grupos nacionalistas extremistas.

As preocupações com o que a investigação pode revelar não está de modo algum restrita ao Japão. Em 1992, quando um casal que assistia a uma corrida de lanchas no rio Columbia, perto de Kennewick, no estado de Washington, tropeçou num crânio humano, sua descoberta desencadeou uma década de luta ferrenha pelo crânio propriamente dito e o resto dos ossos que foram aparecendo ao longo do tempo. Descobriu-se que esses restos mortais eram pré-históricos, com cerca de nove mil anos de idade. Curiosamente, as características do crânio pareciam ser mais caucasóides do que indígenas. Esses achados contestavam o que fora amplamente aceito até então, ou seja, que os indígenas tinham sido os primeiros e únicos habitantes das Américas. O governo federal, que teria preferido não lidar com as questões que foram levantadas, estava preparado para entregar os ossos às tribos nativas americanas, mas os cientistas entraram com um processo exigindo o direito de estudá-los. A tribo Umatilla argumentou que, segundo seus mitos, ela tinha desde sempre se fixado na região perto de Kennewick. "Possuo histórias orais de minha tribo que datam de mais de dez mil anos", disse um de seus membros. "Sei onde meu povo vivia, onde morreu, onde caçava, onde

HISTÓRIA E IDENTIDADE   95

pescava, onde foram enterrados meus ancestrais, pois minhas histórias orais me contaram." O homem de Kennewick era um ancestral e deveria receber um sepultamento adequado. Além disso, por permitir que os ossos fossem examinados por cientistas, o governo dos Estados Unidos mostrara desprezo pelas crenças sagradas. Após uma luta de oito anos, os tribunais determinaram que os ossos ficassem sob a guarda da Divisão de Engenharia do Exército, em cujas terras foram encontrados, e que seria permitido aos cientistas o acesso desejado.

É dolorosa a contestação que a história faz de hipóteses aceitas sobre um grupo, mas isso é — como diz Michael Howard — um sinal de maturidade. Recentemente, a Irlanda testemunhou uma grande revisão de sua história, em parte porque é próspera, bem-sucedida e autoconfiante, e as antigas histórias de complexo de vítima perderam a ressonância que tinham. Assim, o antigo quadro simplista de nacionalistas católicos irlandeses *versus* os protestantes do Ulster e seus aliados ingleses com suas duas histórias separadas está hoje sendo corrigido, mostrando uma história mais complexa na qual alguns mitos vêm sendo extintos. Acreditava-se que apenas os protestantes lutaram na Primeira Guerra Mundial. Dependendo de para que lado se olhasse, os nacionalistas ou estavam envolvidos em traições ou na luta pela liberdade. Na verdade, 210 mil voluntários da Irlanda, na maioria católicos e nacionalistas, lutaram ao lado dos ingleses contra os alemães. O Levante da Páscoa não foi um movimento unificador de todos os irlandeses patriotas nacionalistas, mas sim o resultado, pelo menos parcial, de lutas internas por poder. Como disse Mary McAleese, presidente da Irlanda, numa recente palestra em Londres, "Onde antes nossa história fora caracterizada por um saque ao seu passado e às coisas que nos separavam uns

96   USOS E ABUSOS DA HISTÓRIA

dos outros, nosso futuro agora carrega a possibilidade otimista de que a Irlanda venha a se tornar um lugar melhor, onde não só iremos desenvolver novas relações, mas rever o passado com mais tranquilidade e descobrir lá (...) elementos de parentesco há muito esquecidos, de ligações deliberadamente desconsideradas".

História distorcida, provas suprimidas — mas o pior é quando a história é simplesmente falsa. Às vezes, isso é feito com a melhor das intenções, para recuperar a autoestima daqueles que sofreram muito e que vivem mergulhados na impotência e na humilhação. Em 1923, Marcus Garvey, líder negro americano, escreveu o emocionante e polêmico *Who and What is a Negro?* Ele tentava devolver a seu povo aquilo que a escravidão havia tirado — um passado como possuíam outros povos, com um senso de quem eram e o que tinham conquistado. Entretanto, ele foi além e fez afirmações que não podiam ser sustentadas: "Cada estudioso de história com a mente imparcial, sabe que os negros um dia dominaram o mundo, quando os brancos eram selvagens e bárbaros e viviam em cavernas; sabe que milhares de professores negros ensinaram nas universidades de Alexandria, então a sede do saber: sabe que o Egito antigo deu ao mundo a civilização e que a Grécia e Roma lhe roubaram a arte e a literatura, tomando para si todo o crédito." Seu argumento, que ainda se mantém atual, era que a civilização, assim como uma tocha, fora levada da África Subsaariana para o Egito e de lá, como consequência de roubo, para Grécia e Roma. Essa é uma visão curiosa e passiva da civilização como algo que pode ser removido de um povo para outro — ou a conotação de que existe apenas uma "civilização". Na verdade, existem e existiram muitas civilizações, e elas são moldáveis e mutantes. As forças que as moldam vêm

HISTÓRIA E IDENTIDADE 97

de dentro e de fora delas. É claro que a civilização grega teve influências exteriores, porém, é mais provável que elas tenham vindo do leste e não do Egito. E há poucas evidências de que a civilização egípcia tenha vindo principalmente do sul do Saara.

Estudiosos contemporâneos tentaram sustentar os argumentos usando provas linguísticas e arqueológicas. A palavra "Atenas" tem origem africana, dizem eles, e Sócrates era negro porque uma escultura o mostra com o nariz achatado. Outros estudiosos desconsideraram tais provas, mas, para alguns dos partidários das teses de Garvey, isso é apenas a prova de que os europeus, desde os gregos, estiveram envolvidos numa grande conspiração para encobrir seu roubo e o fato de não terem conseguido criar sua própria civilização. Segundo o senegalês Cheikh Anta Diop, os europeus até deixaram um rastro de provas falsas durante séculos. Tais histórias guardam a mesma relação com o passado que *O Código Da Vinci* tem com a teologia cristã. Elas podem incutir orgulho por certo tempo, mas têm um custo.

Na década de 1990, na Índia, o crescimento do nacionalismo foi responsável por grandes tentativas de eliminar partes da herança cultural do país e reescrever a história indiana. Em 1992, os fundamentalistas apoiados pelos políticos hindus de direita, destruíram uma mesquita do século XVI em Ayodhya, no norte da Índia, sob a alegação de que ela fora construída sobre o local de nascimento do deus hindu Rama. Confiantes, declararam que estavam destinados a destruir outros monumentos muçulmanos, incluindo o Taj Mahal. Isso foi parte de um movimento mais amplo com a finalidade de reafirmar a identidade da Índia como exclusivamente hindu, ou "hindutva", para usar a palavra dos nacionalistas.

A história da Índia tornou-se, inevitavelmente, um componente essencial desse acontecimento. A visão corrente, baseada nas provas

98 USOS E ABUSOS DA HISTÓRIA

disponíveis, era a de que o fértil Vale Indus abrigara a civilização harappan entre os anos 3000 e 1700 a.C. Ela foi aos poucos sendo absorvida ou desaparecendo quando os cavaleiros arianos vieram do norte, como migrantes pacíficos ou guerreiros invasores. Isso não agradou aos nacionalistas hindus, pois insinuava que as civilizações nativas tinham aberto espaço para que outra civilização viesse de fora e que sua própria cultura poderia conter elementos estranhos. Quando, nos anos 1930, Madhav Golwalkar, o pai dos hindus nacionalistas atuais, escreveu que "Os hindus vieram de lugar nenhum para esta terra, mas são crianças nativas deste solo desde sempre, de tempos imemoriais", é claro que essa era uma visão absurdamente simplista da maneira como se desenvolvem e se mesclam os povos e as civilizações. Elas não são como insetos aprisionados para sempre em pedaços de âmbar, parecem-se muito mais com rios que possuem muitos afluentes.

Quando o partido nacionalista hindu, o BJP — Partido Bharatiya Janata —, subiu ao poder em 1998, cuidou imediatamente de alinhar o passado ao seu estilo. Declarou que a civilização harappan era na verdade ariana. Foi encontrado em um sítio harappan um selo de terracota com a efígie de um cavalo. (Tal peça supostamente conclusiva, infelizmente, acabou se revelando falsa.) O governo declarou que a civilização harappan era muito mais antiga do que se pensava. Com efeito, Murli Manohar Joshi, membro do BJP e ministro da Educação entre 1998 e 2004, declarou ter descoberto uma civilização indiana nativa ainda mais antiga, a qual ele e seus partidários chamaram de sarasvati. "A prova disso está invisível até o presente momento", disse Romila Thapar, uma respeitável historiadora indiana. Ainda assim, estava claro, pelo menos para o BJP e seus partidários, que a Índia havia sido o berço da primeira civilização do mundo. E não só

HISTÓRIA E IDENTIDADE 99

tinha sido responsável por todas as espécies de invenções e progresso como também civilizara o resto do mundo. Os chineses devem ter ficado surpresos ao saber que seriam descendentes dos guerreiros indianos. Os nacionalistas hindus afirmaram que o sânscrito, sua antiga língua, era a mãe de todas as outras línguas. Os vedas, textos mais antigos escritos em sânscrito, teriam servido de base para a fundação da maior parte do conhecimento moderno, inclusive de toda a matemática.

Para ter certeza de que os estudantes indianos absorveram isso tudo, Joshi introduziu novos livros que enfatizavam assuntos "indianos", como a ioga, o sânscrito, a astrologia, a matemática e a cultura dos vedas. Ele abarrotou as escolas e centros de pesquisa com nacionalistas hindus cujas credenciais de historiadores significavam muito menos do que sua fidelidade a uma visão simplista do passado da Índia e de sua cultura. Ao respeitável Conselho de Pesquisa Histórica em Delhi foi dito que seu historiador especializado em história da Índia antiga estava para ser substituído por um engenheiro. Essa nomeação não aconteceu graças a um clamor público, não só pelas credenciais daquele que foi indicado, como também por seus ataques a cristãos e muçulmanos.

Por trás dessas tentativas ridículas de remodelar a educação na Índia está uma agenda política mais sinistra. O BJP e seus partidários conceberam a Índia como uma nação hindu, refletindo os valores dos hindus da casta mais alta, incluindo sua reverência às vacas e à abstinência de ingestão de carne. A Índia deles deixou pouco espaço, ou tolerância, para a grande minoria religiosa muçulmana e cristã e menos ainda para os hindus das castas mais baixas. A visão do passado que o BJP mantinha era de que a civilização indiana sempre foi, desde o início, tão hindu

100   USOS E ABUSOS DA HISTÓRIA

quanto hoje. Mesmo a mera sugestão de que os antigos hindus eram diferentes, que talvez comessem carne, por exemplo, teve que ser retirada dos registros. Um nacionalista hindu admitiu que, na verdade, havia evidências num passado remoto de que os hindus da casta mais alta comiam carne, mas que tal coisa não devia ser ensinada às crianças em idade escolar porque elas poderiam ficar confusas ou até mesmo traumatizadas.

A Índia, segundo o BJP, era um país onde os hindus viviam em harmonia uns com os outros até que intrusos — primeiro os muçulmanos, depois os ingleses — vieram para arruinar e dividir a sociedade indiana com saques, roubos e conversões forçadas. Os novos livros escolares falavam sobre os pecados dos invasores, porém não traziam nada sobre as muitas ações brutais dos governantes hindus. Além disso, os textos ignoravam as copiosas provas de que, ao longo dos séculos, tanto muçulmanos como hindus, cristãos e siques — na verdade, os crentes de todas as religiões — viveram a maior parte de suas vidas pacificamente lado a lado, trocando informações e aprendendo uns com os outros. Os invasores muçulmanos trouxeram para a Índia os estilos da arte persa e mongol, que foram absorvidos e influenciaram os que já existiam. O grande imperador mongol Akbar era fascinado por outras religiões e tentou, sem sucesso, encontrar um sincretismo religioso que incorporasse elementos do islamismo, do hinduísmo e do cristianismo. Na Índia independente, Jawaharlal Nehru, seu primeiro primeiro-ministro, conservou-se fiel ao secularismo e tolerante a uma Índia multiétnica e multirreligiosa. Nada disso aparece na versão hindutva do passado da Índia. Ao invés disso, os muçulmanos sempre foram inimigos dos hindus, e assim será até que sejam convertidos ou mortos.

HISTÓRIA E IDENTIDADE   101

Os historiadores que denunciaram as falhas desse quadro do passado da Índia foram condenados como marxistas ou simplesmente como maus indianos. É pena, disse um fundamentalista, que não haja uma fatwa no hinduísmo. Na verdade, os nacionalistas extremistas hindus se comportam como se houvesse. Intelectuais como a indiana Romila Thapar, que publicou um trabalho que era uma variante da ortodoxia hindutva, recebeu cartas expressando ódio e ameaças de morte. Expatriados, como muitas vezes acontece, gritaram em defesa do que afirmavam ser a verdadeira história da Índia e de sua cultura. Thapar foi perseguida ao fazer palestras nos Estados Unidos. Durante uma palestra em Londres, um ativista hindu atirou um ovo contra a professora Wendy Doniger porque ela ousara falar sobre o grande épico hindu, o *Ramayana*. Na Califórnia, pais hindus foram às autoridades estaduais de educação exigir que se retirassem dos livros escolares os erros propostos pelos "agressores da Índia", como Thapar e intelectuais como Michael Witzel, da Universidade de Harvard. Os erros que eles listaram incluíam, evidentemente, o movimento ariano na Índia.

Em uma série bizarra de incidentes, James Laine, professor de uma pequena faculdade do Minnesota que escreveu um livro investigando os mitos que envolviam a vida do rei e herói hindu Shivaji no século XVII, foi alvo do ódio dos nacionalistas. Laine sugeriu que havia uma história que trazia um comentário jocoso de que Shivaji poderia não ser filho de seu pai. O movimento político direitista Shiv Sena, da província de Maharashtra, terra de Shivaji, promoveu uma campanha vitoriosa para que a editora da Universidade de Oxford retirasse o livro de circulação. No começo de 2004, uma quadrilha de brutamontes espancou e

102 USOS E ABUSOS DA HISTÓRIA

denegriu um ilustre acadêmico indiano cujo nome era mencionado nos agradecimentos do livro de Laine. Outros grupos de delinquentes invadiram um instituto de pesquisa em Poona, onde Laine fizera alguns trabalhos, e destruíram, por ironia, documentos e pinturas hindus antiquíssimos e despedaçaram uma imagem da deusa hindu da sabedoria. A polícia de Poona respondeu acusando Laine e a editora da Universidade de Oxford de "ter feito uma provocação imoral com a intenção de causar tumulto". A opinião pública moderada indiana ficou indignada e advertiu contra a "talibanização" da Índia.

O ímpeto por trás dos ataques era muito mais com relação ao presente do que ao passado. Era o reflexo das visões antagônicas da sociedade indiana — a hindu *versus* a secular — e de tentativas feitas pelos políticos de apelar para o sentimento nacionalista hindu. A Índia teve eleições gerais em 2004, e o livro de Laine tornou-se elemento de campanha usado pelos candidatos à medida que tentavam mostrar o quanto eram hindus e indianos. Houve pedidos para que a Interpol prendesse Laine. O primeiro-ministro e membro do BJP Atal Behari Vajpayee disse que os escritores estrangeiros precisavam aprender que não podiam ofender o orgulho indiano.

5
HISTÓRIA E NACIONALISMO

A nação tem sido, nos últimos dois séculos, um dos muitos meios sedutores que usamos para nos definir. A ideia de que fazemos parte de uma família muito maior ou, usando as palavras de Benedict Anderson, de uma comunidade imaginária é uma força tão poderosa quanto o fascismo ou o comunismo. O nacionalismo fez com que emergissem a Alemanha e a Itália, destruiu a Áustria e a Hungria e, mais recentemente, dividiu a Iugoslávia. Os povos sofreram e morreram, feriram e se mataram em nome de sua "nação".

A história fornece a maior parte do combustível para o nacionalismo. Cria a memória coletiva que ajuda a fazer com que o sentimento de nação venha à tona. A comemoração coletiva das grandes conquistas nacionais — e a tristeza partilhada pelos fracassos — a sustenta e estimula. Quanto mais para trás a história caminha, mais solidez e resistência a nação aparenta — e mais peso têm suas afirmações. O pensador francês Ernest Renan, do século XIX, escreveu um dos primeiros textos clássicos sobre o nacionalismo, no qual desconsiderou todas as outras justificativas para a existência das nações, tais como sangue, geografia, linguagem ou religião. "A nação", segundo ele, "é uma grande solidariedade criada pelo sentimento dos sacrifícios feitos e daqueles que as pessoas estão dispostas a fazer no futuro." Como

106 USOS E ABUSOS DA HISTÓRIA

um de seus críticos prefere colocar, "Uma nação é um grupo de pessoas unidas por uma visão equivocada sobre o passado e por uma abominação a seus vizinhos". Renan via a nação como algo que depende da aprovação de seus membros. "A existência de uma nação é um plebiscito diário, assim como a existência de um indivíduo é uma afirmação contínua da vida." Para muitos nacionalistas, não há uma coisa chamada aprovação espontânea; você nasceu numa nação e não tem chance de escolher se pertence ou não a ela, mesmo sob a intervenção da história. Quando a França reclamou a Renânia depois da Primeira Guerra Mundial, um dos argumentos que usou foi que, ainda que lá se falasse o alemão, seus habitantes eram na verdade franceses. Embora a má sorte os tenha feito ficar sob o domínio alemão, sua essência francesa permaneceu, assim como o amor pelos vinhos, o catolicismo e a *joie de vivre* tão claramente demonstrada.

Renan estava tentando lidar com um novo fenômeno, pois o nacionalismo é de fato um desenvolvimento tardio em termos de história humana. Durante muitos séculos, a maioria dos europeus pensava sobre si mesma não como sendo britânica (ingleses, escoceses ou galeses), francesa ou alemã, mas sim como integrante de famílias específicas, clãs, regiões, religiões ou guildas. Às vezes, definiam-se de acordo com seus soberanos, fossem eles barões ou imperadores. Quando se declaravam alemães ou franceses, isso era muito mais uma questão de categoria cultural do que política, embora não assumissem, diferentemente dos movimentos nacionais modernos, que as nações tinham direito de governá-los sobre uma parte específica do território.

Essas velhas maneiras de uma pessoa definir o seu contexto ainda persistem na era moderna. Quando as comissões da Liga das Nações tentaram estabelecer as fronteiras da Europa Central

HISTÓRIA E NACIONALISMO 107

após a Primeira Guerra Mundial, repetidas vezes chegaram a lugares em que as pessoas não tinham ideia se eram tchecos, eslovacos, lituanas ou polonesas. Somos católicos ou então somos ortodoxos, mercadores ou camponeses ou simplesmente habitantes dessa ou daquela aldeia, eram as respostas dadas. O sociólogo e ativista italiano Danilo Dolci ficou perplexo ao descobrir que nos anos 1950 existiram pessoas que viviam no interior da Sicília e que jamais tinham ouvido falar da Itália e que, apesar disso, ao menos em teoria, eram italianas há gerações. Elas eram anomalias de alguma forma esquecidas, enquanto o nacionalismo crescia e se tornava o modo pelo qual os europeus se definiam. As comunicações rápidas, o aumento da alfabetização, a urbanização e toda expansão da ideia de que era direito e adequado se considerar parte de uma nação que necessitava, acima de tudo, possuir seu próprio Estado em seu próprio território, tudo isso junto alimentou a grande onda de nacionalismo que sacudiu a Europa do século XIX e o resto do mundo no século XX.

Em se falando de nações eternas, elas não foram criadas por acaso ou pelas mãos de Deus, muito menos pelas dos historiadores, mas sim por ações de seres humanos. Tudo começou em silêncio no século XIX. Os acadêmicos trabalharam com as línguas, classificando-as em famílias diferentes e tentando determinar quão remotas eram. Descobriram regras para explicar as variações nas línguas e puderam estabelecer, ao menos para sua satisfação própria, que textos de séculos atrás estavam escritos, por exemplo, em alemão ou francês arcaicos. Etnógrafos como os irmãos Grimm recolheram contos populares alemães que mostram que havia algo chamado de nação alemã durante a Idade Média. Os historiadores trabalharam com afinco para resgatar velhas histórias que se juntaram para formar o que chamaram

108   USOS E ABUSOS DA HISTÓRIA

de nação, como se houvesse uma existência contínua desde a Antiguidade. Os arqueólogos afirmaram ter encontrado provas que mostravam onde tais nações um dia existiram e para onde se deslocaram durante as grandes ondas migratórias.

O resultado cumulativo foi a criação de uma versão irreal, embora influente, de como as nações foram formadas. Mesmo que não se pudesse negar que povos diferentes, de godos a eslavos, deslocaram-se para e através da Europa misturando-se aos povos que já estavam lá, tal visão supôs que em dado momento, por volta da Idade Média, essa música parou de tocar. As diversas peças musicais tomaram seus assentos; um para as francesas, outro para as alemãs e mais um para as polonesas. E ali a história as manteve como "nações". Os historiadores alemães, por exemplo, podiam descrever a nação alemã antiga, cujos ancestrais viviam felizes em suas florestas antes do império romano, e que em algum momento, provavelmente no primeiro século da era cristã, passou a ser reconhecida como "Germânia". Assim — e esta era a questão perigosa —, qual era de fato a terra da nação germânica? Ou a terra de qualquer outra "nação"? Seria aquela onde seu povo vivia agora, onde viveu ao longo do tempo desde que surgiu na história ou em ambas?

Os historiadores poderiam ter ido mais além com suas especulações se pudessem prever o que estavam preparando para o caminho que se seguiria? As guerras sangrentas que criaram a Itália e a Alemanha? As paixões e os ódios que destroçaram o velho e multinacional império austro-húngaro? As reivindicações por solos históricos feitas por nações novas e antigas que escolheram o mesmo território depois da Primeira Guerra Mundial? Os abomináveis regimes de Hitler e Mussolini, com sua elevação da nação e da raça a um valor supremo e suas exigências absurdas com relação às terras dos outros?

HISTÓRIA E NACIONALISMO   109

Um paradoxo, como disse o historiador britânico Eric Hobsbawm, é que "o nacionalismo é moderno, mas isso o faz inventar sua própria história e suas tradições". As histórias que alimentaram, e ainda alimentam, o nacionalismo foram construídas em cima do que já existia, em vez de inventarem novos fatos. Quase sempre contém muita coisa verdadeira, mas tendem a confirmar a existência da nação através dos tempos e a incentivar a esperança de que ela continue existindo. As histórias ajudam a criar símbolos de vitória e derrota — Waterloo, Dunquerque, Stalingrado, Gettysburg ou Vimy Ridge, para os canadenses. Ressaltam os feitos dos líderes do passado — Charles Martel derrotando os mouros em Tours; Elizabeth I em Plymouth Hoe se defrontando com a Armada espanhola; Horatio Nelson destruindo a esquadra francesa em Trafalgar; George Washington se recusando a mentir sobre sua cerejeira. Quase sempre o nacionalismo se aproveita de um magnetismo de ordem religiosa. Pense nos memoriais de guerras que relembram os mártires ou em Cristo na cruz ou nos rituais elaborados para certas ocasiões como o dia 11 de novembro.

Muito daquilo que hoje em dia se pensa sobre símbolos e cerimônias antigas são quase sempre novas formas que cada geração vai buscar no passado para satisfazer às suas necessidades do presente. Em 1953, o mundo todo pôde ver pela televisão, com um misto de espanto e fascinação, os rituais de coroação — o desfile da rainha por Londres em uma carruagem dourada, a procissão solene na Abadia de Westminster, a música, a decoração, o arcebispo de Canterbury em seus trajes magníficos, a elaborada cerimônia da coroação. Eu ainda era uma criança em idade escolar no Canadá e recebi um folheto que explicava isso tudo. O que a maioria de nós não sabia é que a maior parte disso que víamos com respeito era uma criação do século XIX. Cerimônias

110 USOS E ABUSOS DA HISTÓRIA

anteriores de coroação foram mal realizadas e muitas vezes embaraçosas. Na cerimônia de coroação do balofo rei Jorge IV em 1820, a rainha Caroline, que não estava presente desde o início, teve de bater à porta para participar. Durante a coroação da rainha Vitória em 1837, o sacerdote se atrapalhou e o arcebispo de Canterbury teve problemas com o anel, que era largo demais para o dedo dela. No final do século, a monarquia era mais importante como símbolo de uma Inglaterra muito mais poderosa. Os eventos reais se tornaram grandiosos e passaram a ser mais bem ensaiados. E alguns foram acrescentados: o primeiro-ministro do País de Gales, o radical David Lloyd George, achou mais prudente que a cerimônia formal de coroação de Edward VIII como príncipe de Gales fosse realizada entre os velhos muros do Castelo de Caernarfon.

Um dos símbolos nacionais mais famosos é o da Batalha do Kosovo, na qual os sérvios foram derrotados pelos turcos otomanos em 1389. Segundo a tradição nacionalista sérvia, essa derrota foi a um só tempo terrena e espiritual e continha em si a promessa da ressurreição. Para os nacionalistas sérvios, a história é tragicamente clara. Os sérvios cristãos foram derrotados por causa de uma traição dos muçulmanos otomanos. Na noite anterior à batalha, o líder sérvio de então, príncipe Lazar, teve uma visão na qual recebeu a promessa de que poderia ter o reino dos céus ou um reino na terra. Como bom cristão, escolheu o primeiro, mas a promessa implicava que um dia a nação sérvia ressuscitaria na terra. Salvação espiritual ou terrena? Lazar morreu no campo de batalha depois de ser traído por um judas, um companheiro sérvio. Seu povo, fiel à sua fé, comemorou a derrota e a promessa e ficou esperando o renascimento do Estado sérvio durante os quatrocentos anos seguintes.

HISTÓRIA E NACIONALISMO   111

O único problema com essa história é que não só é simples demais como partes dela não têm base nos precários registros da época. O príncipe Lazar não era o senhor de todos os sérvios, mas um dos muitos príncipes que lutavam pelo poder entre os destroços do império sérvio construído pelo príncipe Dusan. Alguns já tinham até feito as pazes com os otomanos e como vassalos do sultão mandaram suas tropas lutarem contra Lazar. Não está claro se a batalha representou uma derrota devastadora para os sérvios na ocasião. Há relatos que tratam como uma vitória. Talvez tenha até sido um empate, pois durante muito tempo nenhum dos dois lados retomou as hostilidades. Um Estado sérvio independente prolongou-se por décadas.

A viúva de Lazar e os monges ortodoxos iniciaram o processo de transformar o príncipe morto num mártir dos sérvios, curiosamente ao mesmo tempo que seu filho estava lutando como vassalo dos turcos. Durante os séculos, então, Lazar e Kosovo foram símbolos mais dos sérvios como cristãos ortodoxos e como um povo que tinha uma língua única do que como um Estado-nação da Sérvia independente. A história foi mantida viva nos mosteiros, junto com muito da cultura sérvia, e nos grandes poemas épicos que passaram de geração em geração. Foi só no século XIX, com o despertar do nacionalismo pela Europa, que aquela história se tornou importante na mobilização dos sérvios para lutar por sua independência contra um império otomano decadente e incompetente.

Na primeira metade do século XIX, tendo a história como inspiração, os sérvios conquistaram num primeiro momento a autonomia do império otomano e em seguida a total independência. Vuk Karadžic, influente intelectual sérvio do início do

112 USOS E ABUSOS DA HISTÓRIA

século XIX, padronizou a linguagem escrita sérvia moderna e reuniu os poemas épicos. Deixou também um legado venenoso, argumentando que povos como os croatas e os bósnios muçulmanos, que virtualmente falavam a mesma língua, também eram sérvios. O estadista Ilija Garašanin, que trabalhou muito para dar forma ao nacionalismo de sua terra e para construir as estruturas do novo Estado, também traçou o caminho na história para colocar seus companheiros sérvios em seu destino. O império sérvio fora destruído pelos turcos otomanos, mas agora havia chegado o tempo da reconstrução. "Nós somos", disse ele em um documento que permaneceu secreto até o início de século XX, "os verdadeiros herdeiros de nossos antepassados." O nacionalismo sérvio não era algo novo ou revolucionário, mas sim o renascer das raízes antigas. Outra vez, foi uma visão perigosa, pois consideravam que tanto os croatas como os bósnios eram parte natural do império.

É fácil contestar tais visões do passado, mas não é tão simples abalar a fé dos que desejam acreditar nelas. Na ruptura da Iugoslávia nas décadas de 1980 e 1990, os velhos mitos históricos vieram novamente à tona. Os sérvios estavam mais uma vez lutando sozinhos num mundo hostil. Em 1986, um memorando da Academia de Ciências Sérvia alertava que todas as conquistas que os sérvios tinham feito desde a primeira vez em que se rebelaram contra os otomanos, em 1804, seriam perdidas. Os croatas estavam realizando atos de terrorismo contra os sérvios na Croácia, e os albaneses estavam forçando os sérvios a fugirem para a província do Kosovo. Em 1989, Slobodan Miloševic foi ao Kosovo para o aniversário de seiscentos anos da batalha e declarou: "O heroísmo do Kosovo não nos permite esquecer que, a uma só vez,

HISTÓRIA E NACIONALISMO   113

fomos bravos e dignos e um dos poucos que entraram na batalha sem derrota." Ao mesmo tempo, na Croácia, os nacionalistas estavam olhando para trás para buscar no passado argumentos que justificassem, historicamente, uma Croácia maior, incorporando centenas de milhares de sérvios. A história não destruiu a Iugoslávia ou levou aos horrores que acompanharam sua destruição, mas sim sua hábil manipulação por homens como Miloševic, e, na Croácia, Franjo Tudjman ajudou a mobilizar seus seguidores e a intimidar os não comprometidos.

Em uma frase brilhante, Winston Churchill disse que os Bálcãs tinham mais história do que eles podiam consumir. As nações novas ficaram preocupadas por não terem história suficiente. A despeito de sua longa ligação com os judeus da Palestina, Israel era um Estado novo ao surgir em 1948. Com imigrantes vindos de todas as partes da Europa, e mais os que vieram em 1950 do Oriente Médio, tornou-se essencial a construção de uma identidade nacional forte se Israel quisesse sobreviver. Era difícil identificar costumes e culturas que fossem compartilhadas. O que é que um judeu egípcio tinha em comum com um judeu polonês? Nem a religião em si servia como base; muitos sionistas eram decididamente não religiosos. Embora o hebraico estivesse em processo de revitalização, não havia ainda sido produzida uma literatura nacional. Isso deu à história um significado particular e aglutinador. Em sua Declaração de Independência, Israel recorreu ao passado para justificar sua existência. A terra era o local histórico do nascimento do povo judeu: "Depois de ter sido exilado à força de sua terra, o povo, mesmo depois da diáspora, manteve sua fé e jamais deixou de orar e esperar por um retorno para restaurar sua liberdade política." A história política mais recente também fez parte disso. Os judeus

114 USOS E ABUSOS DA HISTÓRIA

conseguiram retornar em peso: "Eles fizeram o deserto florescer, reviveram o hebraico, construíram aldeias e cidades e criaram uma comunidade próspera, controlando sua própria economia e cultura, amando a paz mas sabendo como se defender, levando as bênçãos do progresso a todos os habitantes do país, ambicionando ser uma nação soberana."

Em 1953, o Knesset, Parlamento israelense, aprovou a Lei de Educação do Estado e outra lei que criava um memorial para lembrar as vítimas do Holocausto, a Yad Vashem. O autor das leis foi Ben-Zion Dinur, ministro da Educação e Cultura, que era sionista, além de educador e político bem antes da independência de Israel. Sua visão da história estava baseada na necessidade de construir uma consciência israelense. "O ego de uma nação", declarou ele ao Knesset, "existe apenas na medida em que esta tenha uma memória e na medida em que a nação saiba como combinar suas experiências passadas para formar uma entidade única." Para Dinur e os partidários de suas ideias (e muitos, tanto da esquerda quanto da direita, não o apoiavam), essas leis ensinavam ao povo israelense que havia uma nação israelita desde sempre, que ela tinha sobrevivido a um longo exílio e que jamais desistiu de recuperar seus territórios. Assim, Israel era o herdeiro de um longo processo histórico. A visão de Dinur foi muito criticada por deixar a religião de fora, como na definição do judaísmo, e por apresentar uma visão muito simplificada da história dos judeus, mas ainda assim foi muito influente nas escolas israelenses. Com um estudo dos livros didáticos usados entre 1900 e 1984 descobriu-se que, com o passar do tempo, a história judaica tornou-se mais focada em torno da fundação de Israel do que dos judeus exilados, quando o sonho sionista de um Estado judeu era o movimento "mais forte e mais antigo".

HISTÓRIA E NACIONALISMO   115

O nacionalismo tem seguido seu curso, e novas nações continuam aparecendo — e também descobrindo que a história é importante para sua identidade. Na década de 1960, Wolfgang Feuerstein, um jovem erudito alemão, chegou a um povoado em um vale remoto da costa sul do Mar Negro, perto do porto turco de Trabzon. Seus cerca de 250 mil habitantes lazos eram muçulmanos, como a grande maioria dos turcos, mas tinham uma língua, costumes e mitos próprios. O jovem alemão julgou que eles teriam sido cristãos em algum momento. Começou a estudar, esse povo que havia sido deixado de lado pela história e, para ativar a lembrança de seu passado, construiu uma linguagem escrita para eles. Os lazos começaram a demonstrar interesse por sua história e cultura, e as autoridades turcas, que já estavam tendo problemas demais com exigências de outras minorias, como os curdos, ficaram preocupadas. Feuerstein foi preso, espancado e deportado, mas de seu exílio enviou textos com as histórias e poesias dos lazos para as escolas não oficiais, que então funcionavam às escondidas. À medida que os lazos vão dando valor à sua história e ao seu passado, estão se tornando uma nação. Em 1999, foi fundado o Partido Laz, para inserir o "Lazistão" na Turquia. Seu manifesto fala em preservar a língua e a cultura laza e estimula o estudo da história do ponto de vista do idioma lazo. E, se não me engano, eles usarão essa história para apresentar algum dia uma conta de reclamações e exigências.

6

APRESENTANDO A CONTA DA HISTÓRIA

Qualquer um que ao participar de uma discussão acalorada tenha dito algo como "Você sempre faz desse jeito", ou "Confiava em você", ou "Você vai ficar me devendo", está usando a história para obter uma vantagem no presente. E quase todos nós, desde os dirigentes dos países aos meros cidadãos, agimos do mesmo modo. Desencavamos acontecimentos do passado para mostrar que sempre nos comportarmos de forma adequada e nossos adversários de maneira imprópria, ou que estamos sempre certos e eles errados. Portanto, nem é preciso dizer que estamos certos, agora, no momento em que falamos isso.

Quando começaram os problemas na Iugoslávia nos anos 1990, todos os lados recorreram à história para justificar o que estavam fazendo. Os sérvios se colocavam como defensores históricos da cristandade contra os ataques dos muçulmanos e como libertadores dos outros eslavos do sul, como os croatas e os eslovenos. Os croatas viam um passado bem diferente. A Croácia sempre foi parte do oeste, do grande império austríaco, de civilização católica, enquanto a Sérvia veio do mundo retrógrado e supersticioso da ortodoxia. O governo da Sérvia começou a se referir aos croatas como Ustasha — nome das forças fascistas da Segunda Guerra Mundial que massacraram os judeus e os sérvios. Repetidas vezes, a televisão sérvia mostrava documentários sobre

120   USOS E ABUSOS DA HISTÓRIA

os Ustasha, com o alerta implícito de que aquilo poderia acontecer de novo. Franjo Tudjman, presidente da Croácia, assim como
Milošević, outro comunista transformado em nacionalista, respondeu com desdém. Os Ustasha certamente haviam cometido
crimes, mas não foram senão "uma expressão do desejo histórico
da nação croata por um território independente".

Quando as forças sérvias começaram a atacar os bósnios
muçulmanos, tentaram justificar sua agressão gratuita dizendo
ao mundo que, mais uma vez, estavam defendendo o Ocidente
cristão contra o fanatismo do Oriente. O fato de os bósnios muçulmanos não serem apenas predominantemente seculares, mas
em sua maioria descendentes dos sérvios e dos croatas, não era
impedimento para a posição adotada. Os nacionalistas sérvios
insistiam em chamá-los de turcos ou de traidores dos sérvios e da
Igreja Ortodoxa Sérvia. Os croatas, é claro, preferiam considerar
os bósnios muçulmanos como croatas católicos que abandonaram a fé religiosa. (Ironicamente, um dos efeitos da guerra foi
fazer com que muitos dos muçulmanos na Bósnia se tornassem
ainda mais devotos.)

O uso da história para rotular ou diminuir nossos opositores
sempre funcionou como uma ferramenta útil. A esquerda grita
"Fascista!" para a direita, enquanto os conservadores contra-ata-
cam com os rótulos de stalinistas ou comunistas. Quando o primeiro-ministro de Israel Ariel Sharon visitou Nova York em 2005,
defrontou-se com manifestantes que gritavam "Auschwitz" e "nazista" porque ele havia demolido assentamentos judeus ilegais na
Faixa de Gaza. Em janeiro de 2006, quando Hillary Clinton estava iniciando sua campanha para concorrer à presidência, ela
atacou a Câmara, então dominada pelos republicanos. "Quando

APRESENTANDO A CONTA DA HISTÓRIA   121

se olha para a maneira como a Câmara é conduzida", disse, dirigindo-se a uma plateia predominantemente negra do Harlem, "parece que estão administrando uma fazenda, e vocês sabem o que eu estou querendo dizer". Eles sabiam, assim como os republicanos que a acusavam de estar tentando trazer à baila o assunto do racismo.

Os países também usam os episódios do passado para constranger e pressionar os outros. A China, por exemplo, repetidas vezes se refere ao Século de Humilhação, que começou com a primeira Guerra do Ópio em 1839 e terminou com a vitória dos comunistas em 1949. Os chineses têm uma longa lista de descontentamentos: derrotas para potências estrangeiras, da Inglaterra ao Japão; o incêndio do Palácio de Verão em Pequim provocado pelas tropas inglesas e francesas em 1860; áreas concedidas a estrangeiros que fizeram fortunas e viveram sob suas próprias leis; tratados desiguais que diminuíram a autonomia da China; e, é claro, a famosa placa "Proibido para cães e chineses". Quando os Estados Unidos vendem armas para Taiwan, a China lembra do apoio que eles deram aos inimigos dos comunistas no passado. Quando Henry Kissinger fez sua primeira visita secreta à China no verão de 1972, teve de engolir em seco os lembretes repetidos pelo então primeiro-ministro Zhou Enlai sobre os pecados americanos do passado, entre eles o famoso episódio da Conferência de Genebra em 1954, quando o secretario de Estado John Foster Dulles se recusou a apertar sua mão. Em 1981, o então líder chinês Deng Xiaoping reclamou com os Estados Unidos de sua relutância em vender tecnologia avançada para a China: "Talvez o problema esteja na maneira como os Estados Unidos tratam a China. Fico pensando se os Estados Unidos ainda consideram a China um país hostil."

122 USOS E ABUSOS DA HISTÓRIA

Na história do Partido Comunista Chinês, a China é a eterna vítima e, por isso, não pode cometer erros. Ela tem sido uma potência pacífica ao longo de toda sua história, sem jamais tentar conquistar outros povos ou se apossar de outros territórios, diferentemente dos poderes ocidentais ou do Japão. Quando a China recebe uma crítica mundial por seu apoio aos regimes terríveis de Mianmar ou do Sudão, está sendo tratada injustamente. Segundo a visão chinesa, as potências estrangeiras falam de modo cínico sobre violação de direitos humanos para atacar a China e interferir em seus assuntos internos. O Dalai Lama, apoiado por forças ocidentais mal-intencionadas e egoístas, divulga histórias falsas acerca do Tibete quando, de acordo com a informação chinesa oficial, o que era uma sociedade retrógrada controlada por um religioso está se modernizando rapidamente com a ajuda irrestrita da China. Em qualquer caso, dizem os chineses, os ocidentais não têm autoridade moral para criticá-los, pois a própria história do Ocidente inclui o imperialismo, a escravidão e o Holocausto. Quando, recentemente, o governo canadense desejou saber do destino de seu cidadão Huseyin Celil, que está preso na China, os chineses responderam que, mais uma vez, os estrangeiros estavam tentando humilhar a China mas que ela continuaria firme. Uma variante interessante do uso da história para justificar o comportamento atual surgiu durante as Olimpíadas de Verão de 2008. Quando os críticos estrangeiros mostraram que as autoridades chinesas, de maneira contrária ao que prometeram ao Comitê Olímpico Internacional, não estavam respeitando os direitos humanos, a resposta dos chineses foi que os estrangeiros não tinham autoridade para criticar a China, uma vez que não conheciam a sua longa história.

APRESENTANDO A CONTA DA HISTÓRIA   123

Em suas relações com o Japão, a China fez grande uso de um passado bem documentado, especialmente sobre a invasão e ocupação japonesa entre 1937 e 1945 e as atrocidades cometidas, como os estupros praticados pelas tropas japonesas em Nanquim. O comportamento do Japão na China e seu papel na eclosão da Segunda Guerra Mundial na Ásia costumam gerar dolorosas discussões entre os japoneses, mas o governo chinês prefere acreditar que o Japão continua a negar sua culpa. Na década de 1990, quando o Partido Comunista Chinês iniciou sua Campanha de Educação Patriótica para reforçar a própria autoridade, os ataques chineses ao Japão e sua célebre amnésia cresceram. Pintar o Japão como sucessor não arrependido do Estado militarista da Segunda Guerra Mundial foi uma maneira conveniente de justificar a própria reivindicação chinesa de liderança na Ásia e, ao mesmo tempo, minar as pretensões japonesas de conseguir uma cadeira no Conselho de Segurança da ONU. Na primavera de 2005, sob o olhar complacente das autoridades, e talvez até estimulados por elas, jovens chineses atacaram instituições comerciais japonesas em muitas das grandes cidades da China, argumentando que os livros japoneses omitiam toda e qualquer referência aos episódios de Nanquim. Entretanto, à medida que os distúrbios se espalhavam e eram mostradas coisas como o fracasso do governo chinês em áreas como o meio ambiente, o partido deu o seu "basta". Os arroubos nacionalistas cessaram. Contudo, as emoções que eles exploravam eram mantidas vivas, e o PCC continuou tentado a jogar o perigoso jogo de usar o nacionalismo para reforçar sua decadente autoridade ideológica.

Às vezes recorremos ao presente para efetuar mudanças no passado. Vejamos um exemplo que tem aparecido ultimamente

124   USOS E ABUSOS DA HISTÓRIA

na mídia: grupos armênios de várias partes do mundo argumentam que a Turquia não deve ser admitida na União Europeia a menos que admita ter praticado genocídio 90 anos atrás. É a mais pura verdade que tamanha barbaridade foi perpetrada contra cidadãos armênios da Turquia otomana durante a Primeira Guerra Mundial. Enquanto os exércitos russos avançavam sobre a Turquia, o governo turco temia que os armênios pudessem apoiar os invasores. Centenas de milhares de armênios foram arrancados à força de suas casas no nordeste da Turquia e mandados para o sul. Muitos não sobreviveram à difícil jornada. Foram maltratados pelos muçulmanos locais e pelos curdos, e as autoridades turcas faziam vista grossa ou incentivavam que fossem mortos. Em países como os Estados Unidos, o Canadá e a França, os armênios e aqueles que os apoiavam convenceram os legisladores a classificarem as mortes como genocídio. O argumento que usaram era que o episódio fazia parte de uma política turca de extermínio. Hoje em dia, exigem que o atual governo turco faça um pedido oficial de desculpas. Os turcos têm batido o pé, argumentando que a Turquia atual não tem qualquer responsabilidade pelo que tenha sido feito no passado por um regime totalmente distinto. Além do mais, negam que o fato ocorrido tenha sido genocídio. Essa controvérsia atrapalhou a questão da admissão da Turquia na União Europeia.

Após a Primeira Guerra Mundial, os alemães usaram a história como uma espécie de arma para minar a legitimidade do Tratado de Versalhes, que tinham assinado com os Aliados. A derrota militar — e não há dúvida quanto a isso — causou um choque profundo no governo civil alemão e nos cidadãos comuns, ambos mantidos na sombra pelo alto comando. A partir de 1918, o Exér-

APRESENTANDO A CONTA DA HISTÓRIA   125

cito fez o que pôde para evitar ser responsabilizado pela derrota, construindo inteligentemente o mito da punhalada pelas costas: a Alemanha fora derrotada não no campo de batalha, mas sim por causa das ações de traidores em seu próprio país, fossem eles socialistas, pacifistas, judeus ou uma mistura dos três. O fato de os Aliados terem decidido, em parte pelo desgaste causado pela guerra, não invadir e ocupar a Alemanha (a não ser por uma pequena fatia no lado ocidental do Reno) deu ao mito maior credibilidade. O sentimento de que a Alemanha não devia ser tratada como uma nação derrotada ampliou-se em razão das circunstâncias de sua rendição. Seu governo trocou notas com o presidente americano Woodrow Wilson nas quais era mencionada a paz sem recriminação ou vingança. Até onde os alemães puderam perceber, o armistício com os Aliados foi feito com base nos 14 Pontos estabelecidos por Wilson, que delineavam um quadro de um mundo novo baseado na justiça e no respeito pelos direitos dos povos. Isso por acaso significava que os Aliados com certeza não desejariam fatiar grandes pedaços do território alemão, habitados por alemães, ou exigir pesadas indenizações? De qualquer modo, para reforçar a posição em favor de um tratamento condescendente, a Alemanha argumentou que se tornara um país diferente. O kaiser tinha fugido e a monarquia acabara. A Alemanha era agora uma república. Por que deveria pagar pelos pecados de seu antecessor? Quando, na primavera de 1919, os alemães tomaram conhecimento dos termos do Tratado de Versalhes, sua reação foi ao mesmo tempo um choque e uma certeza de que haviam sido traídos. E ao descobrirem que não haveria negociações sérias, mas apenas um prazo para que assinassem, eles denunciaram o tratado como sendo um *"Diktat"*, uma imposição.

126 USOS E ABUSOS DA HISTÓRIA

Na década de 1920, a hostilidade ao tratado tomou conta do espectro político da Alemanha. Seus termos foram considerados punitivos e ilegítimos, e houve um consenso geral não verbalizado de que eles deveriam ser burlados sempre que possível. O que era incômodo era o artigo 231. Ele imputava à Alemanha a responsabilidade por ter iniciado a guerra. A cláusula da "culpa pela guerra", termo equivocado pelo qual ficou conhecido, tinha a intenção de transferir a desaprovação moral e, talvez mais importante, de fornecer uma base legal para a exigência de indenizações. O chefe da delegação alemã que recebeu os termos decidiu atacar o artigo 231, e, na Alemanha, o ministro das Relações Exteriores montou um grupo de trabalho para continuar seu trabalho. Os eventos de julho de 1914 foram objeto de uma investigação detalhada. A partir daí, foram produzidos documentos selecionados e enviados a historiadores simpatizantes para criar um quadro de uma Europa trôpega em meio à guerra. A catástrofe não era culpa de ninguém e ao mesmo tempo era culpa de todos. A Alemanha não tinha mais responsabilidade do que qualquer outro país.

Na Alemanha, tais visões do passado foram muito importantes, influenciando e alimentando tanto um sentimento de injustiça contra os Aliados (e também contra o próprio governo alemão, composto em sua maioria por socialistas, que assinaram o tratado) quanto um forte desejo de arrebentar os grilhões impostos pelo Tratado de Versalhes. No início de 1920, quando começou ganhar o apoio dos veteranos decepcionados com os resultados da guerra, dos extremistas de direita e dos habitantes de Munique, que lotavam as cervejarias, Adolf Hitler martelou incessantemente sobre os temas da punhalada pelas costas e da paz injusta. Por ter conquistado a atenção da respeitável classe

APRESENTANDO A CONTA DA HISTÓRIA   127

média com seus arroubos de nacionalismo, recebeu o apoio de uma Alemanha frustrada que o ajudou a ganhar legitimidade. Infelizmente para a paz do mundo, a revisão da história gerou impactos também fora da Alemanha, principalmente nos países de língua inglesa. Cada vez mais, os líderes e o público de países como o Reino Unido e os Estados Unidos passaram a ver que a Alemanha tinha na verdade sido injustamente tratada e que o correto era que fosse exigida a reforma do Tratado de Versalhes. Tanto a distorção como o uso indevido da história trouxeram dois benefícios a Hitler: deu-lhe simpatizantes e reforçou as políticas de paz de seus potenciais adversários.

Nos últimos dois séculos, a história tornou-se importante de outra maneira — como base para a reivindicação de terras dentro dos países ou entre eles. Em parte porque onde não há registros claros de transferência de terras de um grupo de pessoas para outro, como é o caso da maioria das terras dos povos nativos do Canadá, a prova de posse no passado ajuda a sustentar argumentos de alegação de que a transferência é ilegal. Além disso, não se respeitam mais os tratados e acordos assinados quando uma das partes não tem a menor ideia do que as palavras consideram válido. Quando Henry Stanley subiu o rio Congo para conseguir que os chefes locais colocassem suas marcas naquilo que para eles eram meros pedaços de papel sem qualquer significado, ele na verdade estava adquirindo um vasto território para o rei Leopoldo, da Bélgica. E as grandes potências da época aquiesceram. Na verdade, elas também estavam fazendo mais ou menos a mesma coisa. Hoje classificaríamos tais ações como fraude.

Tampouco, a menos que sejamos fanáticos religiosos, acreditamos que as promessas dos deuses sejam uma base sólida para a

128 USOS E ABUSOS DA HISTÓRIA

reivindicação de território. Outras bases tradicionais para a reivindicação de território são igualmente inaceitáveis hoje em dia. O casamento, por exemplo. Quando Charles II, da Grã-Bretanha, casou-se com Catherine de Bragança, ela trouxe Bombaim consigo como parte do dote. Hoje, seria simplesmente impensável o príncipe Charles dar à sua nova esposa o ducado da Cornualha. Os monarcas não podem mais trocar partes de seus territórios, como foi feito durante muitos séculos. Napoleão pôde vender a Louisiana — grande pedaço do Novo Mundo — aos Estados Unidos em 1803; já hoje em dia, o presidente Nicolas Sarkozy não poderia vender nem a menor parte da França, como as ilhas de São Pedro e Miquelon. No Congresso de Viena, que colocou um fim às guerras napoleônicas, reinos, ducados, condados e cidades foram trocados entre as potências de então em um grande jogo de Banco Imobiliário, e ninguém viu qualquer mal nisso. Um século mais tarde, ao final da Primeira Guerra Mundial, a Conferência de Paz de Paris gastou muito tempo e energia tentando distinguir os desejos dos habitantes — ou pelo menos suas etnias — dos territórios à sua disposição.

Os modos de pensar se modificam, e aquilo que há dois séculos parecia perfeitamente normal agora é literalmente impensável. As guerras e as conquistas eram maneiras corriqueiras de mudar de lugar as fronteiras entre os países. Aquele que perdesse uma guerra deveria entregar dinheiro, tesouros artísticos, território, armas e tudo mais que o vitorioso exigisse. A divulgação das ideias de soberania popular, democracia, cidadania e nacionalismo significavam que até o mais implacável dos governantes tinha de alardear, ao menos por meio de uma promessa feita da boca para fora, a noção de que os povos tinham direito à autodeterminação. Quando Hitler voltou-se para o leste e invadiu a

APRESENTANDO A CONTA DA HISTÓRIA 129

União Soviética, argumentou que estava seguindo o caminho natural e histórico da raça alemã. Quando Stálin se apossou da Europa Oriental e colocou-a dentro de seu império ao final da Segunda Guerra Mundial, a estratégia usada para encobrir tal assalto foi que a União Soviética estava respondendo à vontade dos povos locais ou que essa medida simplesmente restaurava suas fronteiras históricas. Quando Saddam Hussein ocupou o Kuwait em 1990, tentou justificar suas ações com referências não convincentes de que o Kuwait devia suserania ao Iraque no século XVII, lá atrás, quando nenhum dos dois países existia. A história se tornou cada vez mais o meio necessário para fornecer legitimidade às reivindicações de território, conforme outras justificativas, como casamentos ou conquistas, foram perdendo a validade.

Depois da Guerra Franco-Prussiana de 1870-71, que resultou em uma derrota humilhante para a França e no nascimento da nova Alemanha, os generais alemães insistiram em reclamar as duas províncias francesas da Alsácia e Lorena, sendo uma parte retomada como espólio de guerra e outra para formar uma barreira defensiva contra futuros ataques da França. Os nacionalistas alemães revestiram suas exigências com um aspecto novo e aceitável. No passado, tanto a Alsácia como Lorena fizeram parte do Sacro Império Romano e durante muito tempo de sua história teve governantes germânicos. Luis XIV tomou a Alsácia e Luiz XV a Lorena, mas havia chegado a hora de devolvê-las aos seus verdadeiros proprietários. Não foi considerado o fato de que seus habitantes não falavam a língua alemã ou que preferiam permanecer com a França. Heinrich von Treitschke, um dos principais historiadores alemães, disse que a nação alemã sabia o que era melhor para "aqueles infelizes" que tinham tido a má sorte de sofrer influência francesa. "Iremos trazê-los de volta a eles

130   USOS E ABUSOS DA HISTÓRIA

próprios, ainda que não queiram." Um jornal alemão recomendou o uso da versão do amor forçado, tão em voga no século XIX: "Precisamos começar com a vara", declarou. "O amor seguirá a disciplina, que os tornará alemães outra vez."

Na Conferência de Paz de Paris em 1919, que marcou o fim da Primeira Guerra Mundial, a justificativa para as exigências territoriais assumiram enorme importância, pois havia muito a ser dividido e muitas reivindicações conflitantes. A derrota da Alemanha, o colapso da Rússia e do império russo e a desintegração dos impérios austro-húngaro e otomano mostraram que as fronteiras da Europa e do Oriente Médio estavam se dissolvendo. Velhas nações, como a Polônia, viram a chance de figurarem outra vez no mapa, e novas, como a Tchecoslováquia, tinham a oportunidade de nascer. Os discursos de Woodrow Wilson e a questão da autodeterminação, que estava na moda, estimularam muitos grupos a irem a Paris colocar suas questões para as grandes potências.

Seus argumentos eram de três naturezas: estratégica, ou seja, que a posse de certa parte do território era necessária para a segurança do país ou de sua economia; etnográfica, na medida em que o povo que fazia a petição vivia sob uma mesma língua, costume ou religião; e, finalmente, sob o argumento concludente do direito histórico. Os argumentos estratégicos ou econômicos nem sempre funcionavam, pois os países vizinhos também podiam apresentá-los. O argumento da etnografia também era delicado, pois, como era o caso na Europa Central, as populações eram muito misturadas. Já a história parecia falar com autoridade — será? Tanto a Europa como o Oriente Médio tinham uma história extensa até demais, como satirizou Winston Churchill sobre os Bálcãs. Impérios e países, governantes e povos tinham

APRESENTANDO A CONTA DA HISTÓRIA   131

surgido e desaparecido. Era quase sempre possível encontrar, no passado, um fundamento para sua reivindicação caso se procurasse com afinco. A Itália reclamava para si a maior parte da costa da Dalmácia, em parte para defender sua própria costa no mar Adriático, e em parte sob o argumento de que a civilização italiana era superior à dos eslavos, mas também porque Veneza a havia governado outrora. E como a natureza humana é aquilo que se sabe, quando na Conferência de Paz os peticionários vasculharam a história, os que falavam em nome das nações emergentes não tinham como voltar a um tempo que fosse suficiente para demonstrar que seus supostos precursores já ocupavam uma pequena parte do território pretendido. O desejo de muitos poloneses, como Roman Dmowski — chefe da delegação polonesa em Paris —, era o de ao menos restabelecer as fronteiras de 1772, quando a Polônia governava a Lituânia, a Bielorússia e parte da Ucrânia de hoje. "Quando Dmowski relacionou as reivindicações da Polônia", disse um especialista americano, "ele começou a falar às 11 horas da manhã sobre um dia do século XIV, atingiu o ano de 1919 e apresentou os problemas e as pressões do momento, isso às 4 horas da tarde." Os sérvios desejavam de volta suas fronteiras do século XIV, quando o reinado do rei Stephen se estendia do mar Egeu ao Danúbio. Os búlgaros preferiam o mapa do século X, quando a maior parte do território era governado pelo rei Simeão.

"Cada uma das nacionalidades da Europa Central", reclamou o cansado especialista americano, "tem a sua sacola de truques estatísticos e cartográficos. Quando as estatísticas falham, usam seus mapas coloridos. Seria necessária uma enorme monografia para conter uma análise de todos os tipos de mapas forjados que a guerra e a conferência de paz fizeram surgir." Ou dos abusos

132 USOS E ABUSOS DA HISTÓRIA

perpetrados contra a história. Os registros da conferência estão cheios de reivindicações amplas, sustentadas por argumentos históricos questionáveis que saltam livremente sobre os séculos, sobre os nascimentos e desaparecimentos de Estados, sobre o movimento ininterrupto de povos através da Europa e sobre outros fatos inconvenientes, com o propósito de mostrar que determinada fração de território sempre pertenceu à Itália ou à Polônia. Quando a Sérvia e a Romênia reivindicaram juntas o território do Banato, que fica entre essas duas nações, por exemplo, os argumentos usados por ambas voltaram até a Idade Média em busca de provas que justificassem suas reclamações. Veja, disse o representante sérvio, os mosteiros de Banato, que sempre foram sérvios. Isso, respondeu o romeno, era por que os eslavos eram naturalmente mais piedosos do que os romenos.

Atualmente, a China usa a história para dar outra feição à invasão e ocupação que promoveu no Tibete. Na visão dela, seu governo apenas fez-se valer dos direitos históricos estabelecidos há muitos séculos. Pelo menos para os chineses, Taiwan é um caso semelhante. Como disse Zhou Enlai a Henry Kissinger em 1972, "A história também prova que Taiwan faz parte da China há mais de mil anos — a mais tempo do que Long Island pertence aos Estados Unidos". Na verdade, isso não é provado pela história. No caso do Tibete, é fato que os dalai-lamas de tempos em tempos reconheceram o mandato celestial dos imperadores da China longínqua, mas na maioria das vezes as terras de suas montanhas foram abandonadas à própria sorte. Taiwan, por sua vez, manteve laços ainda mais tênues com a China. Era muito longe para que as dinastias chinesas se dispusessem a atravessar o mar. Apenas a última dinastia, a Qing, tentou manter algum controle, principalmente porque a ilha tornou-se refúgio de piratas e rebeldes.

APRESENTANDO A CONTA DA HISTÓRIA 133

A história assume importância particular quando há disputa de terras. No Canadá, os nativos usaram registros impressos, tais como tratados e despachos, e também a história oral e a arqueologia, para reivindicar e ter de volta aquilo que acreditavam ser terras de seus ancestrais. Os romenos reclamaram em Paris em 1919 que a rica Transilvânia deveria lhes pertencer porque eles são descendentes das legiões romanas e assim estavam lá muito antes de seus adversários húngaros, que só chegaram à região no século IX. Os albaneses reivindicam a propriedade do Kosovo por serem descendentes dos antigos ilírios, que eram conhecidos no tempo da Grécia clássica, enquanto os sérvios só chegaram lá no século XI. Os sérvios reagem com o argumento de que a maioria dos albaneses no Kosovo são recém-chegados, que fazem parte da onda que veio nos séculos XIX e XX.

Em uma das disputas mais difíceis e perigosas do presente, os israelenses e os palestinos discutem a posse de uma pequena porção de terra que foi palestina durante o império otomano. Cada aspecto de sua história conjunta é disputado. É verdade que a população da Palestina tem 90% de árabes de origem palestina e 10% de judeus do tempo da Primeira Guerra Mundial? É verdade que os palestinos recusaram todas as oportunidades que tiveram de cooperar com os judeus? Ou foram os judeus que os excluíram cada vez mais de sua economia e de seu poder? É realmente possível falar de um "povo palestino"? (Tanto Golda Meir quanto Ben-Gurion pensavam que não.) A criação do Estado de Israel em 1948 representou um triunfo ou uma catástrofe? Os refugiados palestinos fugiram deliberadamente porque acreditaram que voltariam com um exército árabe vitorioso ou foram simplesmente expulsos? A minúscula nação de Israel esteve sempre circundada por um cinturão de inimigos árabes implacáveis?

134 USOS E ABUSOS DA HISTÓRIA

Sua sobrevivência foi um milagre ou aconteceu por que havia muitas vantagens a seu lado? Os palestinos apoiaram o Eixo durante a Segunda Guerra Mundial? O sionismo é uma nova versão do colonialismo ocidental?

É quase impossível para os dois lados encontrar respostas comuns para tais questões, pois a história está no coração de ambas as partes em suas identidades e em suas reivindicações sobre a Palestina. A história de Israel foi durante muito tempo aquilo que seus fundadores, como Ben-Zion Dinur, tinha esperanças de que se tornaria: uma história que levasse os israelenses a se unirem em torno de uma nação determinada a sobreviver. Israel faz parte da Palestina porque existiu lá uma presença constante de judeus desde que os romanos conquistaram o último Estado judeu que ainda era independente. Os árabes, argumentavam os judeus, eram arrivistas, vindos de vários lugares ao longo dos séculos. Acima de tudo, insistiam figuras políticas como Golda Meir, eles não constituíam uma nação separada chamada Palestina. Nos anos 1980, um escritor americano chamado Joan Peters foi mais longe, tentando mostrar, sem sucesso, que não havia árabes na Palestina quando os fundadores sionistas começaram a chegar no fim do século XIX; foram então atraídos pela prosperidade criada pelos sionistas, dizia ele. O Estado moderno de Israel nasceu na adversidade, ainda que tenha saído vitorioso em relação a seus inimigos árabes. Nos anos que se seguiram a 1948, foi atacado repetidas vezes por seus vizinhos e forçado a três guerras defensivas, em 1956, 1967 e 1973. Permanece ocupando territórios em Gaza, seu flanco ocidental, e nas colinas de Golã para garantir sua segurança. Essa versão diz que Israel deseja a paz, mas que os árabes têm se mostrado intransigentes desde o início.

APRESENTANDO A CONTA DA HISTÓRIA   135

A história dos palestinos e dos árabes em geral não é diferente. Em sua visão do passado, a presença dos judeus — a "entidade usurpadora" — foi plantada na Palestina no século XX pelo imperialismo ocidental, num ato clássico de colonialismo. O nascimento de Israel foi ajudado por parteiras poderosas, sobretudo os Estados Unidos. Os palestinos, que constituem um povo há décadas, se não há séculos, resistiram, mas eram mais fracos, e seus irmãos árabes estavam divididos, e no caso da Jordânia e do Egito conspirando secretamente com Israel para tomar a terra palestina. Os refugiados não saíram por livre e espontânea vontade em 1948, eles foram expulsos, quase sempre sob a mira de armas, por soldados judeus. Israel é o instigador da guerra e intimida seus vizinhos com o apoio maciço dos Estados Unidos. Recusa-se a devolver as terras tomadas em 1967, embora sua ocupação seja ilegítima, e trata os habitantes palestinos do território ocupado de uma maneira que lembra a África do Sul dos tempos do *apartheid*. As lideranças palestinas têm tentado negociar de boa-fé com Israel; se as negociações como a que o presidente Clinton promoveu em Camp David têm falhado, a culpa é de Israel.

A história recente é apenas parte do campo de batalha e talvez nem seja a mais importante. Se os dois lados podem demonstrar que seus povos têm uma ligação de longo prazo e ininterrupta com a terra, isso funciona no presente como se fosse um título de propriedade, conforme fizeram os primeiros movimentos nacionalistas na Europa. É por isso que o movimento colonizador em Israel prefere usar os nomes bíblicos de Judeia e Samaria para descrever sua margem oeste. Como coloca um porta-voz do Gush Emunim, um dos grupos radicais, a história é a sua "moeda". Não é de estranhar, como assinalou Nadia Abu El-Haj no livro *Facts*

136 USOS E ABUSOS DA HISTÓRIA

on the Ground, que a arqueologia tenha assumido uma importância capital na disputa entre israelenses e palestinos, pois promete dar respostas definitivas. Se, por exemplo, ficar evidenciado que os sítios arqueológicos da Idade do Ferro contêm provas da presença dos israelenses que conquistaram as terras dos cananeus, isso pode estabelecer uma nova abordagem para a reivindicação dos judeus sobre aquela região. Se, por outro lado, os sítios tiverem sido partilhados por vários povos em tempos diferentes, pode ficar difícil de ser estabelecida uma conexão ininterrupta. "Não seria correto", disse um arqueólogo palestino, "enfatizar a história de um povo entre os muitos que invadiram e colonizaram a Palestina." E o que acontecerá se algum arqueólogo árabe argumentar que os habitantes originais eram árabes cujas terras foram tomadas pelos israelenses? Cada século se torna parte do debate. Se um mosaico do século X é árabe, o que isso significa para as reivindicações palestinas? "Será preciso dizer ao mundo que esse país foi colonizado por muçulmanos?", perguntou a um arqueólogo certa vez um coronel israelense irritado.

Quando, com grande dificuldade, alguns acordos foram alcançados no início dos anos 1990, segundo os quais Israel devolveria partes da margem oeste, os achados arqueológicos foram parte da barganha. Os palestinos os queriam de volta; o governo de Israel insistiu em uma administração conjunta dos sítios arqueológicos importantes. A quem pertenciam as relíquias encontradas em lugares como Jericó, que deviam ser entregues à Autoridade Nacional Palestina? Em 1993, a Autoridade Israelense de Achados Arqueológicos enviou dúzias de equipes de especialistas à região, numa operação altamente secreta, antes da entrega que deveria ser feita, a fim de vasculhar a área atrás de velhos pergaminhos, "à moda Indiana Jones", como escreveu com desdém um jornalista israelense.

APRESENTANDO A CONTA DA HISTÓRIA   137

Provas contrárias podem ser rasuradas, minimizadas ou simplesmente ignoradas. Um arqueólogo nacionalista israelense foi desprezado por seus colegas por ter classificado como judeus sítios que eram obviamente cristãos. Os nomes dos locais desaparecerem dos mapas junto com os povos que os habitavam. Quando as escavações arqueológicas puseram em xeque muitos dos componentes decisivos do Velho Testamento e toda a sua cronologia, muitos fundamentalistas cristãos e israelenses se recusaram a acreditar nos achados ou simplesmente se mantiveram indiferentes a eles. Diversos historiadores e arqueólogos antigos chegaram a acreditar que os israelitas jamais estiveram no Egito. Se é que houve um êxodo, ele foi um acontecimento de pouca expressão, de apenas umas poucas famílias. Os israelitas podem não ter conquistado as terras dos cananeus, e Jericó provavelmente não tinha muralhas que ruíram ao toque de uma trombeta. É provável que o grande reino de Salomão e Davi, que se dizia ir do Mediterrâneo até o rio Eufrates, fosse apenas uma tribo. Restos daquela época indicam que Jerusalém era uma cidade pequena, e não a magnífica cidade que diz a Bíblia. Então por que, perguntou Ze'ev Herzog no respeitado jornal israelense *Haaretz*, aquela que é a maior mudança acerca do passado bíblico não provocou uma reação, mesmo entre os israelenses seculares? Sua conclusão é que eles acharam tal consideração muito dolorosa. "O golpe nas bases míticas da identidade dos israelenses é aparentemente muito arriscado, sendo mais conveniente fazer vista grossa."

As reações nem sempre foram silenciosas. Nadia Abu El-Haj, uma americana de origem palestina, foi alvo de um ataque feroz ao argumentar que os israelenses usaram a arqueologia para reforçar suas reivindicações sobre Israel. "Este é um livro que jamais deveria ter sido publicado", comentou um crítico no site

138 USOS E ABUSOS DA HISTÓRIA

Amazon. "Este trabalho é um esforço para apagar completamente a conexão histórica do povo judeu com a terra de Israel." Uma campanha vigorosa foi desencadeada para impedi-la de conseguir um cargo no Barnard College, onde ela lecionava. Os historiadores que examinaram a história de Israel, como fariam com qualquer outra, com o objetivo de separar o mito do fato e contestar o que se sabia até então, também acabaram no meio de um campo minado. A "nova história" de historiadores como Avi Shlaim e Benny Morris é, como disse Shabtai Teveth, jornalista e biógrafo de David Ben-Gurion, o primeiro dos primeiros-ministros de Israel, "uma mistura de distorções, omissões, leituras tendenciosas e falsificações grosseiras". Israel, como podemos ver, não é de modo algum a única sociedade a ter suas guerras históricas, mas como há muitas coisas em jogo por lá, desde a própria identidade nacional até o seu direito de existir e de possuir sua terra, o conflito pode tornar-se feroz.

7
GUERRAS DA HISTÓRIA

A história nos traz de volta o passado, mas também pode deixá-lo esquecido. Em campanhas políticas, os candidatos contestam-se mutuamente a partir do que escolheram omitir em suas biografias. Fazemos a mesma coisa em nossas vidas pessoais. "Você nunca me disse isso", falamos, zangados ou chocados. "Nunca soube isso a seu respeito." Algumas das guerras mais longas e difíceis travadas por sociedades ao redor do mundo acontecem em torno do que está sendo omitido ou subestimado em sua história — ou daquilo que deveria fazer parte dela. Quando as pessoas falam, e o fazem com frequência, sobre a necessidade de uma história "apropriada", estão na verdade se referindo à história que elas querem e gostam de ouvir. Todos os livros didáticos, cursos universitários, filmes, livros, memoriais de guerra, galerias de arte e museus têm se dedicado a debates que tratam muito mais do presente e de seus interesses do que dos assuntos da história.

Educar as gerações seguintes e instilar nelas as visões e valores corretos são aspectos que a maioria das sociedades leva muito a sério. O fato de muitos países, sobretudo os do Ocidente, terem recebido grandes populações de imigrantes deu a essa questão uma importância ainda maior. Várias sociedades ocidentais foram abaladas por provas, principalmente atos terroristas, de que há imigrantes que são indiferentes aos valores das sociedades pelas

142 USOS E ABUSOS DA HISTÓRIA

quais são recebidos, e, embora em número menor, há os que na verdade as desprezam. Episódios como o assassinato do polêmico diretor Theo van Gogh ou a descoberta de um plano terrorista em Toronto forçaram holandeses e canadenses a prestarem atenção à maneira pela qual se integraram ou falharam no acolhimento de imigrantes. Há também receio de que mesmo os habitantes estabelecidos numa sociedade não a entendam adequadamente ou não percebam os valores que ela corporifica. Por essa razão, há uma constante demanda para que os valores nacionais sejam ensinados. (Entretanto, não tem sido tarefa fácil obter um consenso sobre quais devem ser tais valores, como mostra claramente o caso da França, onde os conflitos a respeito da tolerância religiosa demonstram a preocupação de que os imigrantes muçulmanos venham a se tornar franceses e seculares.)

A história é usada com frequência como uma série de contos de fundo moral para aumentar a solidariedade ou, de uma forma defensiva, acredito, para explicar de que maneira instituições importantes, como parlamentos, e conceitos democráticos se desenvolveram. E, assim, o ensino do passado tem se mostrado importante no debate sobre a instilação e a transmissão de valores. O perigo está no fato de que aquilo que parece um objetivo admirável pode vir a distorcer a história, seja por reduzi-la a uma simples narrativa na qual há personagens negros ou brancos, ou por mostrar uma tendência a colocá-la numa única direção, seja ela a do progresso humano ou do triunfo de certo grupo. Tal história nivela a complexidade da experiência humana e não deixa espaço para interpretações diferentes do passado.

O lema da província de Quebec é "*Je me souviens*", "eu me lembro", e principalmente os francófonos de fato devem se lembrar, mas quase sempre de maneira seletiva. A história, como é

GUERRAS DA HISTÓRIA   143

ensinada nas escolas de Quebec, tem apresentado a existência consolidada dos habitantes de fala francesa como uma minoria num Canadá de fala inglesa e mostrado de que forma eles têm lutado com insistência por seus direitos. Quando o *Parti Québécois*, a expressão política do movimento separatista de Quebec, esteve no poder nos anos 1990, Pauline Marois (agora líder do partido) era ministra da Educação e prometeu dobrar a carga horária das aulas de história nas escolas secundárias. Os separatistas da linha dura não ficaram satisfeitos: o currículo, na visão deles, incluía muita história geral e dava muita atenção às minorias inglesas e nativas da província.

Entre outros receios, os canadenses de fala inglesa têm outros medos, como o de que os jovens não estejam aprendendo o bastante sobre o passado para que sintam orgulho de seu país. O Dominion Institute realiza pesquisas a cada ano e anuncia com muita tristeza que os canadenses não sabem o nome de seu primeiro-ministro e tampouco conseguem se lembrar das datas de certos eventos importantes. Em 1999, alguns filantropos fundaram a Historica Foundation, cuja missão era preencher as deficiências do ensino acerca do passado do Canadá. John Howard, primeiro-ministro australiano entre 1996 e 2007, provocou um debate público acalorado ao anunciar que já estava farto da visão da "braçadeira negra" da história da Austrália. Tal afirmação veio numa época difícil, em que os australianos estavam pensando no que fazer a respeito das Gerações Roubadas — crianças aborígenes que foram tiradas de suas famílias e entregues a famílias brancas. Historiador profissional, Howard disse que foram "os autonomeados especialistas em dietas culturais" que persuadiram os australianos a acreditarem que sua história era um conto triste de racismo, repleto de crimes contra os aborígenes. Os jornalistas

144 USOS E ABUSOS DA HISTÓRIA

e outros comentaristas, apelando para a forte corrente de anti-intelectualismo na cultura australiana, atacaram em coro aquilo que chamaram de "máfia moral" e "classes intelectuais". Um colunista disse que muitos australianos ficariam felizes em ver uma reconciliação entre os aborígenes e o comportamento predominante na sociedade, mas apenas se os primeiros "deixassem de falar sobre o passado".

No Reino Unido, debate-se constantemente qual é a história que deve ser ensinada às crianças. Será que ela deveria mostrar, como desejava Kenneth Baker quando foi ministro da Educação, "como uma sociedade livre e democrática se desenvolveu ao longo dos séculos"? Ou deveria ser a história dos que foram oprimidos e marginalizados? A história de cima para baixo ou de baixo para cima? Será que as crianças precisam tanto de cronologia ou será melhor que aprendam tópicos ligados à família ou à mulher, ou às ciências e à tecnologia? No verão de 2007, a Ofsted, comissão fiscal das escolas britânicas, desencadeou um debate nacional ao reclamar que a história que estava sendo ensinada era fragmentada e que os estudantes não tinham ideia de quando os eventos tinham ocorrido e em que ordem. Muitos pais já haviam descoberto isso e fizeram com que uma história para crianças da época do rei Edward virasse um *best-seller*. *Our Island Story* tem o pressuposto de que a história britânica foi para diante e para cima no decorrer dos séculos, que o império britânico era motivo de orgulho e que a Inglaterra esteve sempre no caminho certo. O livro está cheio de histórias, de Ricardo Coração de Leão, sir Walter Raleigh, Robin Hood e, é claro, do Rei Artur. Há heróis e vilões. Uma Boadiceia pré-rafaelita (como era então conhecida) galopa através de páginas ilustradas com seus cabelos dourados esvoaçantes. Um atento Robert the Bruce observa uma

GUERRAS DA HISTÓRIA   145

aranha tecendo sua teia e aprende sobre a persistência. Os dois pequenos príncipes tremem de medo, enquanto o tio Ricardo III se prepara para matá-los. A história não é boa — não tem nada a dizer sobre a Inglaterra multiétnica e multicultural de hoje em dia — mas é divertida e pode incentivar as crianças a se interessarem mais pelo passado de seu país. A discussão sobre que tipo de história ensinar geralmente acaba se envolvendo com a questão que em alguns países se torna apaixonante: como integrar os imigrantes na sociedade que lhes acolheu? No final dos anos 1980 e início dos 1990, os conservadores partidários de Tatcher se preocuparam com o fato de os recém-chegados não estarem sendo ensinados a respeito do que significava ser britânico. A própria Sra. Tatcher queria uma "história patriótica". Recentemente, Gordon Brown, do Partido Trabalhista, que iria discordar dela sobre o conteúdo de tal história, disse que quem desejasse se tornar cidadão britânico deveria ser capaz de demonstrar que compreendia a história e a cultura britânicas.

Nos Estados Unidos é comum acreditar que os imigrantes assimilariam a sociedade americana e que a melhor maneira de isso acontecer era por intermédio das escolas. A Guerra Civil, talvez porque tenha demonstrado o quanto uma nação pode chegar a se fragilizar, estimulou um profundo interesse pela história americana. Os livros didáticos apresentaram uma história que se desenrolava triunfante desde os tempos das primeiras colônias e seus fundadores até o presente. Centenas de associações patrióticas estimularam a veneração da bandeira americana e organizaram paradas e festivais para comemorar os maiores momentos do passado americano. O Dia de Ação de Graças assumiu sua importância como o momento em que os americanos se uniam para lembrar os fundadores da nação. O famoso jornalista Theodore

146 USOS E ABUSOS DA HISTÓRIA

White recordou seu tempo e seus colegas de escola, judeus imigrantes da Europa Central, ao recriar os primeiros contatos entre os peregrinos e os índios. Para ele, tal lembrança significava tornar-se americano. O novo Memorial Day, proclamado depois da Guerra Civil, tornou-se a ocasião de relembrar os soldados mortos. Em muitos estados, as escolas tinham de, por lei, ensinar história americana e civismo de forma a incentivar o patriotismo. Inspetores autônomos verificavam os livros escolares para se assegurar de que estava sendo difundida a mensagem correta. Nos anos entre as duas grandes guerras mundiais, Arthur Schlesinger Jr., um dos gigantes da história americana, foi criticado inúmeras vezes pelos políticos irlandeses de Chicago por ter escrito um texto que, na visão deles, promovia uma admiração antipatriótica e indesejável dos britânicos e de suas instituições. Em 1927, o prefeito mandou queimar em público um exemplar de um de seus livros, "repleto de traições".

Como a história tem sido muito influenciada pela visão do que os americanos pensam de si como um povo e de como fazer com que os imigrantes façam parte desse povo, os livros e currículos escolares têm promovido discussões públicas. Em 1990, o presidente George Bush acendeu involuntariamente o estopim para uma explosão ao anunciar que o governo federal iria trabalhar junto com os governos estaduais a fim de estabelecer Metas Nacionais de Educação. Essa medida era, em parte, para assegurar que os estudantes americanos pudessem competir num mundo em que a importância da educação se tornava cada vez maior e também com o objetivo de prepará-los para serem bons cidadãos. O governo Clinton, que o sucedeu em 1993, levou o projeto adiante. Entre as matérias principais, juntamente com inglês, matemática, ciências e geografia, que comporiam as metas a se-

GUERRAS DA HISTÓRIA 147

rem atingidas, estava História. Depois de muitos debates e consultas, o Conselho Nacional de Padrões Históricos produziu um conjunto de normas sobre a história dos EUA e do mundo, deixando os estados livres para aceitá-las ou não, como melhor lhes conviesse. Embora houvesse mais ênfase no multiculturalismo e em civilizações não ocidentais, as pessoas responsáveis pelas normas estavam confiantes de que faziam um bom trabalho ao contar a história dos Estados Unidos de um modo que agradava aos estudantes. Mais do que tudo, incluíram aspectos do passado — história das mulheres e dos negros, por exemplo — que haviam sido anteriormente negligenciados.

Pouco antes de ser apresentado o documento, Lynne Cheney, republicana conservadora importante e esposa de Dick Cheney, realizou o que foi chamado de ataque preventivo, para usar a linguagem usada pelo segundo governo Bush. Em um artigo no *Wall Street Journal*, ela mostrou seu desagrado em relação aos novos padrões propostos, que, argumentou, transmitiam uma visão "amarga e triste" do passado americano. Como ela observou, professores politicamente corretos levados pelo ódio a uma história cronológica e política tradicional produziram uma história na qual a Ku Klux Klan ganhou mais atenção do que personalidades como Daniel Webster ou Albert Einstein. Rush Limbaugh, o animador de direita de um programa de entrevistas no rádio, ficou ao seu lado, em uma demonstração de justiça patriótica. Os historiadores responsáveis pelos Padrões Históricos Nacionais, disse ele, estavam inclinados a inculcar na juventude a crença de que "nosso pais é intrinsecamente perverso". Outras pessoas, incluindo membros do Congresso, não ficaram atrás. Criminosos redimidos como G. Gordon Liddy e Oliver North, atualmente

148 USOS E ABUSOS DA HISTÓRIA

responsáveis por programas de entrevistas no rádio, falaram sobre o que chamaram de "padrões do inferno". O senador pelo estado de Washington Slade Gorton denunciou os padrões no Congresso como sendo um ataque cruel à civilização ocidental. No outono de 1995, o senador Bob Dole, que estava se preparando para ser indicado candidato dos republicanos à presidência, foi ainda mais longe. Os padrões, disse ele, eram traiçoeiros e "piores do que inimigos externos".

Os ataques não ficaram sem resposta. Era verídico o fato de que os Estados Unidos achavam-se estar mergulhados num debate nacional de grande alcance a respeito de o que era e o que deveria ser sua história. Professores e historiadores estavam maravilhados por ver a história levada a um lugar de destaque nos currículos escolares. Os liberais achavam que os padrões refletiam o universo novo e cada vez mais plural dos Estados Unidos. Muitos gostaram simplesmente da ênfase no conteúdo e na cronologia. O *Los Angeles Times* escreveu com aprovação: "Tomara que os formandos das faculdades possam alcançar os padrões de conhecimento da Constituição que estão estabelecidos aqui." Ao final, em 1996, depois de muita discussão e revisão, foram publicadas novas instruções. Elas incluíam uma nova seção final, em que se pedia aos estudantes que explorassem as controvérsias em torno da própria história.

O debate público, quase sempre amargo, sobre os padrões históricos tratava de mais coisas do que só do currículo. Ele aconteceu numa época em que os Estados Unidos estavam incertos acerca de seu papel no mundo pós-Guerra Fria e acerca de sua própria sociedade. Os neoconservadores temiam que os Estados Unidos deixassem de possuir a vontade de usar seu enorme poder. No país, os conservadores viam um declínio dos valores fa-

GUERRAS DA HISTÓRIA 149

miliares, o que para eles estava simbolizado na legalização do aborto. Muitos americanos estavam preocupados em saber se ainda havia, e onde estaria verdadeiramente, a identidade central americana. Muitos dos novos imigrantes não mais aparentavam vontade de ser reconhecidos pela sociedade. Os hispânicos, por exemplo, insistiram em manter seu próprio idioma e em ter escolas onde o ensino fosse em espanhol. As universidades estavam abandonando seus cursos tradicionais sobre civilização ocidental, e houve um crescimento dos cursos de história americana voltados cada vez mais para a história cultural e social. Se os americanos não partilharem de um senso comum dos valores do passado, o que poderia acontecer à expressão *"E pluribus unum"*, tão usada como lema do governo? Iria ser mudada para *"Entre um, muitos"*, em vez do contrário? Embora o grande ímpeto gerado pelos Padrões Históricos Nacionais tenha se amainado (os padrões de fato foram completamente adotados), o receio permanece. Em 2004, o respeitável historiador Samuel Huntington publicou um livro melancólico intitulado *Who Are We?*, fazendo a advertência de que o "projeto de desconstrução" valorizou os grupos e a história regional em detrimento da história nacional. "O povo", chama atenção, "que está perdendo a memória, está se tornando algo inferior ao que era como nação".

Nos países onde, por qualquer razão, esteja faltando autoconfiança, o ensino de história pode ser um assunto ainda mais delicado. Na Turquia, o governo tem grande interesse pelo currículo escolar. Os historiadores que usarem o argumento de que é preciso recompensar com maior atenção a história das minorias, ou quem tiver a ousadia de sugerir que houve um genocídio de armênios durante a Primeira Guerra Mundial, podem ter problemas sérios. Na Rússia, o presidente Vladimir Putin se inte-

150 USOS E ABUSOS DA HISTÓRIA

ressou pessoalmente em escrever livros "patrióticos" para serem usados nas escolas. Distribuiu benefícios a autores consagrados (um deles a um ex-professor de ciências sociais marxistas-leninistas que se autotransformou em historiador), tendo o seu governo outorgado poderes a si mesmo para determinar quais livros didáticos deveriam ser usados. Durante uma conferência de professores no Kremlin em junho de 2007, Putin elogiou os novos livros. "Muitos livros escolares foram escritos por pessoas que trabalharam para receber privilégios estrangeiros", disse. "Eles dançaram a polca, pela qual outros pagaram. Entenderam?" Se por acaso alguns dos professores convocados deixaram escapar esse delicado ponto por ele mencionado, foram advertidos de que era chegada a hora de se livrarem dessa "confusão" e terem uma visão nacionalista mais aberta do passado. Os novos livros escolares, disse, iriam apresentar uma visão adequada de Stálin e de seu papel na história russa. Putin admitiu aos professores que havia algumas "páginas problemáticas" no passado da Rússia, porém muito menos do que em outros países. (E vejam como os Estados Unidos se comportaram no Vietnã.) Stálin foi um ditador, mas isso foi necessário naquele momento para salvar a Rússia de seus inimigos. Na grande batalha da Guerra Fria, que segundo o manual foi iniciada pelos Estados Unidos, "a democratização não era uma opção".

Na China, os departamentos de propaganda e educação do PCC estão muito atentos às escolas para ter a certeza de que ensinam aos estudantes o sofrimento dos chineses nas mãos dos imperialistas e passam a lição de que a história escolheu o Partido Comunista para levar a China ao atual estado de felicidade em que o país se encontra. (Na China imperial, o mandato era conferido pelos céus, mas a ideia permanece mais ou menos a

GUERRAS DA HISTÓRIA   151

mesma.) Recentemente, as autoridades fecharam o jornal chamado *Freezing Point* depois de ele ter publicado um ensaio de Yuan Weishi, conhecido historiador chinês, no qual ele mostrava que os livros das escolas de segundo grau estavam cheios de erros e distorções. E que, além disso, apresentavam visões tendenciosas sobre o passado chinês para mostrar, segundo ele, que a civilização chinesa era superior a todas as outras e que a cultura estrangeira devia ser vista como uma ameaça. Na verdade, o que fez com que tanto ele quanto o jornal tivessem problemas foi a afirmação de que a história, da forma como estava sendo ensinada, justificava o uso do poder político e mesmo da violência para manter o povo no caminho certo. As autoridades disseram que as considerações do professor Yuan eram heréticas e atacavam "o socialismo e a liderança do partido".

Um grupo de acadêmicos de Xangai produziu corajosamente novos livros escolares que deram um espaço menor aos velhos chavões da história da China comunista, tais como os saques perpetrados pelo imperialismo e pelo surgimento do Partido Comunista Chinês, e direcionaram maior atenção às outras culturas e tópicos, como tecnologia e economia. Os textos também davam a entender que poderia haver mais de um ponto de vista sobre o passado. Entretanto, seu erro fatal foi minimizar o papel de Mao. Quando saiu um artigo do *New York Times* intitulado "Onde está Mao?", comentando a melhora com relação às velhas histórias bidimensionais, as autoridades entraram em ação. Os historiadores em Pequim publicaram uma declaração: "Os livros escolares de Xangai partem do materialismo histórico marxista e simplesmente narram os eventos, em vez de explicar sua natureza. Neles se encontram sérios erros na direção política, teórica e acadêmica." Os textos foram banidos.

152 USOS E ABUSOS DA HISTÓRIA

Felizmente, o ensino de história pode mudar para melhor. Na África do Sul, desde o fim do *apartheid*, as escolas, como parte de um projeto nacional de conhecimento da verdade e de reconciliação, têm tentado apresentar uma história que inclua todos os sul-africanos. Na República da Irlanda, a história costumava ser apresentada dentro de limites impostos pelas pressões políticas. A história ensinada nas escolas era simples: oito séculos de opressão e então, em 1920, veio a vitória do nacionalismo irlandês. Os episódios que não se enquadravam nessa versão — a guerra civil, por exemplo, entre nacionalistas adversários — foram ignorados. Hoje em dia, como observa o presidente do país, as escolas ensinam uma versão mais completa e abrangente, o que permite que os estudantes saibam que pode haver mais do que uma maneira de ver o passado.

As escolas representam apenas um dos campos de batalha. Na Austrália, John Howard e a mídia mais conservadora também perseguiram o novo Museu Nacional, sob a alegação de que ele apresentava o passado como um genocídio dos aborígenes pelos australianos brancos, deixando sem destaque os grandes exploradores e empreendedores que construíram o país. Os museus, principalmente os que envolvem a história, ocupam um lugar curioso na mente das pessoas. O seu propósito é comemorar ou ensinar? Responder ou levantar questões? A resposta, em muitas sociedades, não está clara. Os chineses têm, por exemplo, o que chamam de museus sobre a Segunda Guerra Mundial, que se parecem muito mais com o museu de cera de Madame Tussauds do que com o Museu Real de Ontário ou o Museu Britânico. Em vez de apresentar objetos etiquetados em redomas de vidro, mostram quadros nos quais soldados japoneses matam chineses civis a golpes de baioneta ou médicos japoneses que se curvam sobre as vítimas de suas

GUERRAS DA HISTÓRIA   153

terríveis experiências. A distinção entre museus e memoriais é imprecisa e, assim, dá margem a debates inflamados a respeito de como o passado deve ser mostrado ou interpretado.

Em 1994, quando a guerra sobre os Padrões Históricos Nacionais estava esquentando, o Smithsonian Institution de Washington, começou a planejar uma exposição para comemorar o fim da Segunda Guerra Mundial. Uma das peças a ser apresentada era o bombardeiro B-29 que havia lançado a bomba atômica sobre Hiroshima. O *Enola Gay*, batizado assim por seu comandante em homenagem à sua mãe, tornou-se o centro de uma grande polêmica quando os curadores sugeriram que os visitantes talvez se sentissem impelidos a pensar sobre a moralidade do uso da mais nova e destrutiva arma do mundo. Parte da exposição iria conter objetos e fragmentos retirados das ruínas de Hiroshima e Nagasaki. Embora o museu tenha consultado grupos interessados, incluindo associações de veteranos e historiadores, isso não o poupou da tempestade que se seguiu.

Os curadores do Smithsonian tentaram, talvez inocentemente, usar o *Enola Gay* para levantar questões acerca da natureza da guerra moderna e o papel das armas nucleares. Também esperavam informar ao público que a decisão de lançar bombas atômicas sobre Hiroshima e Nagasaki tinha sido motivo de grande polêmica na época e assim permanece até hoje. A investigação desse tipo de assunto constrói barreiras contra aqueles que acreditaram que o Museu Nacional Aéreo e Espacial existia não para incentivar o debate público, mas para comemorar as glórias da aviação e do poder da Aeronáutica e reforçar o patriotismo dos americanos. Os neoconservadores acusaram o Smithsonian e os historiadores liberais de estarem denegrindo a atuação dos Estados Unidos na Segunda Guerra Mundial e a própria sociedade

154 USOS E ABUSOS DA HISTÓRIA

americana ao sugerir que o episódio de Hiroshima tinha uma moralidade questionável. O *Washington Times* considerou prejudicial o fato de que o curador principal fosse canadense e ex-professor. Os veteranos se ressentiram da alusão de que a guerra na qual lutaram não havia sido boa. O primeiro roteiro da exposição continha duas frases, excluídas depois, que eram citadas mais de uma vez como exemplos da repreensão sofrida pelo Smithsonian por ter reescrito a história. Para muitos americanos, a versão inicial dizia que a guerra contra o Japão "era fundamentalmente distinta daquela contra a Alemanha e a Itália — era uma guerra de vingança". (Foi irônico os críticos do Smithsonian terem dito que a exposição deveria ter incluído como parte do contexto as atrocidades cometidas pelos japoneses, como os estupros de Nanquim e a marcha da morte em Bataan.*) Pior ainda, do ponto de vista dos veteranos e de seus apoiadores, foi o texto dizer que para os japoneses aquela tinha sido "uma guerra para defender sua cultura única contra o imperialismo ocidental". A Associação da Força Aérea Americana acusou a exposição de ter afirmado que havia uma equivalência moral entre os Estados Unidos e o Japão. Talvez mais grave, do ponto de vista da associação, a exposição foi "um ataque contundente" ao valor do poder aéreo.

Membros do Congresso, jornais e programas direitistas de entrevistas entraram em cena para acusar o Smithsonian de estar manchando a honra dos Estados Unidos e de seus heróis de guerra. George Will disse que o Smithsonian e os Padrões Históricos Nacionais estavam igualmente contagiados pelo "antiameri-

---

*Marcha forçada de 69 quilômetros feita por 75 mil prisioneiros de guerra americanos e filipinos capturados pelos japoneses nas Filipinas durante a Segunda Guerra Mundial. Os presos sofreram maus-tratos e muitos foram assassinados, além de agredidos e estuprados. (*N. do T.*)

canismo maldoso dos *campi* universitários". Pat Buchanan, que logo viria a anunciar sua candidatura à indicação pelo Partido Republicano em 1996 para a eleição presidencial, viu a exposição como parte de "uma campanha incansável para inculcar na juventude americana a repulsa em relação ao passado da América". A senadora republicana pelo Kansas, Nancy Kassebaum, apresentou uma resolução no Senado que declarava que o roteiro da exposição era ofensivo e ordenava ao Museu Nacional Aéreo e Espacial que não colocasse em questão "a memória daqueles que deram suas vidas pela liberdade". Num ano eleitoral, ninguém iria votar contra tais sentimentos. O Smithsonian recuou passo a passo, refazendo muitas vezes o roteiro e a exposição, mas os ataques apenas aumentaram. Em janeiro de 1995, a exposição foi cancelada. Quatro meses depois, o diretor do Museu Nacional Aéreo e Espacial pediu demissão.

O Canadá tinha passado por uma disputa semelhante, e mais uma vez era por conta da maneira pela qual um museu escolhera comemorar a Segunda Guerra Mundial. Em 2005, ao ser inaugurado em Ottawa, o novo Museu da Guerra foi saudado pela beleza estonteante de sua arquitetura e por suas exposições detalhadas e bem planejadas mostrando o Canadá em guerra desde seus primórdios até sua campanha no Afeganistão em pleno século XXI. Ainda assim, quase imediatamente o museu enfrentou problemas por sua exposição acerca do bombardeio contra a Alemanha entre 1939 e 1945. Como mencionei anteriormente, a placa intitulada "Uma controvérsia resistente" constituiu uma ofensa aos veteranos e a quem os apoiava. Esses dizeres chamaram a atenção para o debate que ainda perdurava sobre a eficácia e a moralidade da estratégia do Comando de Bombardeios da Real Força Aérea (e de seu chefe, sir Arthur

156 USOS E ABUSOS DA HISTÓRIA

"Bomber" Harris), que desejava destruir a capacidade de luta da Alemanha por meio do bombardeio maciço de alvos industriais e civis. Os veteranos também ficaram aborrecidos com as fotografias que mostravam alemães mortos no chão entre prédios em ruínas após os bombardeios.

A questão estava levando a problemas com os veteranos, uma vez que muitos canadenses — cerca de 20 mil — tinham voado sob as ordens do Comando de Bombardeiros da RAF e quase 10 mil haviam morrido. Além disso, os veteranos tiveram uma batalha semelhante uma década antes quando enfrentaram uma série de televisão, apresentada em 1992, sobre a participação canadense na Segunda Guerra Mundial. Um dos episódios, intitulado *The Valour and the Horror*, sugeria que os pilotos canadenses, bravos como eram, foram compelidos por seus líderes inescrupulosos a realizar um bombardeio de moral dúbia. Os veteranos organizaram abaixo-assinados e campanhas de cartas contra a série e a CBC (Canadian Broadcasting Corporation). Os membros conservadores do Parlamento fizeram perguntas hostis e o até então recém-obscuro Subcomitê do Senado para Assuntos dos Veteranos deflagrou uma formidável série de audiências. Durante o verão de 1993, um grupo de veteranos da Força Aérea entrou com um processo contra os produtores dos documentários pedindo uma vultosa quantia de indenização por danos morais. O advogado dos veteranos disse que se tratava apenas "do certo e do errado; do bem e do mal; do branco e do preto; da verdade e da mentira". O processo chegou à Suprema Corte, que por fim o julgou procedente. A CBC comprometeu-se com os veteranos a não retransmitir a série.

Como os veteranos e seus partidários tinham vencido aquela batalha, estavam mais do que prontos para enfrentar a exposição do bombardeio. A *Legion Magazine*, em um artigo intitulado "Em guerra com o museu", disse: "O Museu da Guerra procedeu de maneira tão insensível e prejudicial que muitos pilotos veteranos sentem que tanto eles quanto seus companheiros mortos estão sendo tachados de imorais — e mesmo de criminosos — por uma instituição do mesmo governo que os mandou para aquelas missões terríveis". Começaram a chegar cartas acusando o museu de rotular os pilotos canadenses como criminosos de guerra. Mais uma vez, foi dito que aqueles que participaram do evento tinham uma visão melhor dos acontecimentos do que aqueles que o estudaram depois. As autoridades de Ottawa, cuja tendência era exagerar os poderes dos veteranos, estavam mais do que prontas para tentar chegar a uma solução conciliatória antes de as coisas saírem do controle novamente. Com a esperança de neutralizar as críticas, o diretor do museu chamou quatro historiadores de fora da instituição (dos quais eu fui uma) para dar suas opiniões sobre a exposição. Infelizmente, eles se dividiram. Dois deles tentaram defender os padrões de suas profissões dizendo que sim, que de fato havia uma controvérsia sobre a questão do bombardeio, mas que a mostra estava "desequilibrada". Mas era de fato necessário, perguntou um deles, submeter os visitantes a uma controvérsia complicada que seria melhor discutida entre especialistas? "Ainda que precisemos sempre perguntar isso", concluiu, "a resposta é não". Os outros dois consideraram que os museus devem ser lugares de aprendizado e, quando há controvérsias, eles devem apresentá-las. "A história", concluí, "não deve ser escrita para fazer com que a atual geração se sinta bem, mas para nos lembrar de como as relações humanas são complexas".

O Subcomitê do Senado para Assuntos dos Veteranos acordou de seu torpor costumeiro e realizou uma série de audiências

158 USOS E ABUSOS DA HISTÓRIA

durante a primavera de 2007, nas quais os veteranos se apresentaram de maneira importante. Seu relatório recomendou ao Museu da Guerra que resolvesse a disputa com os veteranos. Foi dito que o museu deveria "considerar maneiras alternativas de apresentar uma versão apurada e equilibrada de seu material, de forma a eliminar o sentimento de insulto desenvolvido pelos veteranos da Força Aérea e remover o potencial para uma interpretação errônea por parte do público". O que isso significava ficou claro em seguida. O diretor do Museu da Guerra deixou o cargo em circunstâncias ainda não esclarecidas e logo depois o museu anunciou que iria trabalhar na revisão do roteiro da exposição em conjunto com os veteranos. Cliff Chadderton, presidente do Conselho Nacional das Associações de Veteranos no Canadá, mostrou-se deselegante, embora vitorioso. "Não sabemos o que provocou tanta demora, pois o texto do painel é um erro grosseiro." Ele prometeu mais problemas se ele e seus veteranos não gostassem da revisão do roteiro.

Como outros países, o Canadá também tem suas disputas em torno das datas dos feriados. Muitas pessoas discordaram quando o Dia do Domínio, uma comemoração que é feita desde que o Canadá constituiu seu próprio governo, ainda como parte do império britânico, teve o seu nome trocado para Dia do Canadá 1982. Outras pessoas argumentaram que, agora que o Canadá cortara seus últimos laços legais com o Reino Unido, o novo nome era um marco da completa independência. Nos Estados Unidos, o Dia de Colombo vem causando problemas ainda maiores nos últimos anos. Desde que foi criado, sua intenção era comemorar a descoberta (termo esse que hoje é alvo de contestação) do Novo Mundo (outra fonte de controvérsia) por Cristóvão Colombo em outubro de 1492, mas coloca os americanos nativos — que argumentam que a chegada de Colombo foi muito ruim para eles e que o próprio Colombo era um brutamontes sanguinário — contra os ítalo-americanos, que têm uma visão oposta. O venezuelano Hugo Chávez, que jamais desperdiçou uma chance de aparecer quando sabe que vai tirar partido publicitário e ao mesmo tempo irritar os Estados Unidos, rebatizou a data em seu país com o nome de Dia da Resistência Indígena. O aniversário de cinco séculos do desembarque de Colombo no Caribe foi especialmente complicado. Nas vésperas de 1992, trezentos nativos americanos se reuniram em Quito para discutir os quinhentos anos de resistência. Nos Estados Unidos, o Conselho Nacional de Igrejas, de orientação protestante, tentou amenizar o peso do uso do termo invasão como sendo representativo de genocídio, escravidão, "ecocídio" e exploração da terra, atribuídos como os verdadeiros legados deixados por Colombo. O governo do presidente Ronald Reagan, insatisfeito com essa batalha particular contra forças politicamente corretas, batizou às pressas de jubileu, e não de celebração, aquela comemoração, o que não impediu os conservadores de acusarem os liberais nas universidades e em outros lugares de odiarem os Estados Unidos a ponto de querer negar suas raízes europeias.

Quanto mais complicado o passado, mais difícil a comemoração. A Alemanha Ocidental, tal qual era, não podia decidir como celebrar o bicentenário da morte de Frederico, o Grande. Estavam eles lembrando o intelectual ou o militar? Teria ele sido uma figura do Iluminismo alemão ou um precursor de Hitler? Quase todas as pessoas na França concordam que o ano de 1989, aniversário do bicentenário da Revolução Francesa, deveria ser comemorado. Mas qual foi o significado da Revolução? A celebração deveria ser a da liberdade, igualdade e fraternidade, ou do repúdio ao Terror?

160   USOS E ABUSOS DA HISTÓRIA

Os membros da comissão supostamente responsável pela comemoração discordaram do governo e entre si mesmos. Ao final, as celebrações nacionais foram realizadas por um empresário que montou um grande espetáculo em Paris, o Festival das Tribos do Planeta. Com direito a "dança da galinha", tambores africanos, soldados russos marchando sobre neve artificial, estudantes chineses puxando um tambor enorme e uma banda da Flórida. O novo lema da França bem que poderia ser — como especulou a *Newsweek* — "Liberdade, Frivolidade, Ironia".

Se é complicado para os franceses chegarem a um consenso acerca da Revolução Francesa, o mesmo ocorre com tudo o mais na história do país. Que tal Napoleão? É um grande herói nacional ou um ditador racista, como há pouco tempo acusou um historiador francês? As datas de seus principais feitos, como a vitória de Austerlitz, devem ser comemoradas da mesma forma que os britânicos comemoraram o bicentenário da batalha de Trafalgar ou devem passar em branco? Como as escolas francesas devem apresentar a história do colonialismo francês na Argélia? Durante muitos anos, a guerra selvagem entre os nacionalistas argelinos e o Exército e os colonizadores franceses foi subestimada oficialmente, sendo colocada na categoria "eventos". O uso permitido e generalizado da tortura contra os argelinos virou assunto de discussão pública em 2000, depois que o general Paul Aussaresses, oficial de inteligência de alta patente, defendeu publicamente tal procedimento durante a guerra argelina. (Depois do 11 de Setembro, ele recomendou que seus métodos fossem usados contra a al Qaeda.) Em 2005, o governo aprovou uma lei estipulando que os livros escolares deveriam reconhecer "o papel positivo da presença francesa em suas colônias ultramarinas, em especial as do norte da África". De saída, poucos historiadores

GUERRAS DA HISTÓRIA   161

protestaram contra esse atentado à história oficial, mas no outono, quando a nação foi sacudida por distúrbios causados por adolescentes de ascendência do Norte da África, a questão chegou aos jornais e à Assembleia Nacional.

O regime de extrema direita colaboracionista de Vichy, que governou o que sobrou da França ocupada pelos alemães durante a Segunda Guerra Mundial, foi muito difícil para o povo francês. Durante um longo tempo após 1945, para seu próprio consolo, os franceses costumavam contar uma história que ignorava o grau de apoio que o regime de Vichy tivera da população e a colaboração dele com os nazistas. O general De Gaulle, líder da França Livre, ao entrar triunfante em Paris anunciou que Vichy era um "não evento sem consequências". A França verdadeira estava representada por suas próprias forças da Resistência. Os poucos franceses que colaboraram teriam sua punição, e a França iria seguir em frente reconstruindo seu grande país. O mito, pois não passa disso, permitiu que a França esquecesse os policiais franceses que prenderam judeus para que fossem confinados nos campos de concentração. Como também foi relegado ao esquecimento o número relativamente pequeno de cidadãos que se alistaram na Resistência e dos muitos funcionários do velho regime que colaboraram com os alemães e ainda conseguiram conservar seus cargos depois de 1945. O governo francês fez poucos esforços para prender e julgar alguns dos principais criminosos de guerra, como Klaus Barbie, o "Açougueiro de Lyon". Na verdade, alguns foram até protegidos pela Igreja ou por políticos do alto escalão. Ninguém questionou, a não ser nos anos 1990, a afirmação de que François Mitterrand, presidente da França de 1981 a 1995, trabalhara para o governo de Vichy durante pouco tempo antes de ter se alistado na Resistência. Na verdade, como descobriu um

162 USOS E ABUSOS DA HISTÓRIA

jornalista ousado, ele trabalhou por muito mais tempo do que admitiu e foi até condecorado.

O processo pelo qual a França passou para aceitar Vichy foi bastante doloroso. De início, aquela época foi examinada com cuidado apenas por historiadores estrangeiros. Quando o cineasta Marcel Ophüls filtrou seu documentário *The Sorrow and the Pity*, que apresentava um quadro mais realista de Vichy e demolia o mito de uma resistência disseminada, a televisão francesa se recusou a apresentá-lo. Ao ser lançado em 1971, foi atacado tanto pela esquerda quanto pela direita. Jean-Paul Sartre o achou "incorreto". Um comentarista conservador do *Le Monde* censurou os judeus entrevistados no filme por sua ingratidão ao criticar o marechal Pétain, presidente do regime de Vichy, que ele afirmava tê-los salvo. Durante os anos 1970 e 1980, aumentou o debate público com o surgimento de mais filmes e livros. Foi só no final do século, quando Mitterrand e muitos de sua geração já haviam saído de cena, que Jacques Chirac, o então novo presidente francês, admitiu que a França ajudara no Holocausto.

Na Rússia, onde a transição de uma forma de governo para outra foi muito mais abrupta, os governos pós-soviéticos vêm lutando, com sucesso limitado, para construir uma nova identidade para o país a partir da história. "Nos dias de hoje", dizem os russos, "vivemos num país com um passado imprevisível." Embora a nova ordem decididamente não deseje comemorar o dia 7 de novembro, aniversário da Revolução Bolchevique de 1917, também não quer alienar a população e tirar dela o que tem sido um feriadão de dois dias. Quando Boris Yeltsin estava no poder, manteve o feriado, mas mudou o seu nome para Dia do Acordo e da Reconciliação. O povo permanece ignorando completamente a alteração. Em 2005, Putin moveu a data do feriado para alguns dias antes, para 4 de novembro, e o batizou de Dia da Unidade Nacional. A mudança da data é para comemorar a vitória russa sobre os invasores poloneses em 1612. Exceto pelos nacionalistas radicais, o resto do público ainda não tem ideia de que o feriado comemora.

O que a Rússia ainda hoje tem demonstrado pouco interesse em lembrar, ao menos até agora, são os horrores do período stalinista. Existem poucos museus ou locais que lembrem o Gulag ou os milhares e milhares que morreram nas prisões de Stálin e poucos memoriais dedicados a bravos indivíduos como Andrei Sakharov, que se opôs ao Estado soviético.

A Rússia não está sozinha ao querer desviar seus olhos das partes dolorosas de seu passado. Na década após o fim da Guerra do Vietnã, os Estados Unidos se comportaram de um modo diferente com relação às guerras anteriores e não fizeram qualquer movimento a fim de criar um memorial para homenagear seus soldados mortos. Foi apenas quando os cidadãos comuns criaram suas próprias fundações que o governo sentiu, envergonhado, que devia ceder um terreno no Mall, em Washington.

Na Espanha, quando a democracia se desenvolveu gradual mente após morte do general Franco em 1975, houve um acordo tácito — o *"pacto del olvido"* — para que fosse esquecido o trauma da guerra civil e os anos de repressão que se seguiram. Em décadas recentes, entretanto, escritores, historiadores e cineastas começaram a explorar os horrores da guerra, e em novembro de 2007 o governo promulgou a Lei da Memória Histórica. Haverá um esforço nacional para localizar as covas coletivas e identificar os ossos daqueles que foram mortos pelos soldados vitoriosos de Franco. O próprio regime do ditador foi formalmente repudiado e será, tanto quanto possível, riscado das comemorações públi-

164 USOS E ABUSOS DA HISTÓRIA

cas. As estátuas de Franco irão desaparecer, e os nomes de ruas e praças serão trocados. É pouco provável que a lei venha a trazer alguma concordância em relação à história da Espanha. De uma forma ou de outra, ela está abrindo velhas divisões ou criando outras. "O que nós ganhamos?", pergunta Manuel Fraga, senador e ex-ministro do regime de Franco que participou da transição para a democracia. "Vejam os ingleses: Cromwell decapitou um rei mas sua estátua ainda está do lado de fora do Parlamento. Não se pode mudar o passado."

A Alemanha Ocidental e o Japão foram forçados e se lembrar do passado recente pelos vitoriosos da Segunda Guerra Mundial, mas também, justiça seja feita, por seus próprios cidadãos. Logo depois da guerra, os alemães, assim como outros europeus, estavam preocupados com a sobrevivência e a reconstrução e tinham pouca motivação ou energia para gastar pensando sobre o passado. Talvez, também, por sua derrota ter sido arrasadora, e o passado dos nazistas tão odioso (e sua cumplicidade com Hitler tão profunda), eles tenham procurado refúgio no esquecimento e no silêncio. Na década de 1950, alguns poucos cidadãos alemães comuns quiseram discutir o nazismo e lembrar o envolvimento que tiveram com o regime. Com exceção de *O Diário de Anne Frank*, livro que vendeu muito, as muitas memórias dos sobreviventes dos campos de concentração e os poucos ensaios sobre a culpa da Alemanha não chamaram muita atenção. Contudo, o silêncio em torno do passado nunca foi completo, tanto que sempre surgiam escritores e pensadores dispostos a fazer perguntas embaraçosas, e os alemães, quando seu país foi ocupado, e mais tarde dividido em dois Estados independentes, não conseguiam escapar das consequências de terem seguido Hitler. Acima de tudo, a Alemanha Ocidental, graças à iniciativa do chanceler

GUERRAS DA HISTÓRIA   165

Konrad Adenauer, pagou indenizações a Israel. (Na época, apenas 11% dos alemães acharam que a decisão fora correta.)

Somente no final da década de 1950 os alemães ocidentais começaram a examinar em profundidade seu próprio passado. Em 1961, o julgamento de Adolf Eichmann em Jerusalém expôs a burocracia elaborada com a qual o Estado nazista levava a cabo o extermínio dos judeus. Seguiram-se outros julgamentos na Alemanha Ocidental, e uma geração mais jovem e radical começou a exigir e obter a verdade sobre o passado. Cerca de metade da população adulta alemã assistiu à série de televisão americana denominada *Holocaust*, exibida em 1979. Hoje, a Alemanha reunificada se coloca como uma sociedade que lida quase sempre de forma transparente com seu passado. Foram inaugurados novos museus em antigos campos de concentração que são visitados por estudantes como matéria de seus cursos. Em Berlim, no Memorial Nacional para as Vítimas da Guerra e da Tirania, as ruínas bombardeadas da Igreja Monumento do Kaiser Wilhelm e o Memorial do Holocausto representam a lembrança nacional, ao mesmo tempo que por toda a Alemanha cidades e aldeias mantêm seus próprios memoriais e museus.

Durante a Guerra Fria, enquanto os alemães ocidentais estavam se defrontando com seu passado nazista, os alemães orientais o evitavam. O Estado comunista da Alemanha Oriental conseguiu se livrar de qualquer ligação ou responsabilidade pelo período nazista. Dizia-se que Hitler e os nazistas representavam o último estágio do capitalismo. Foram eles que começaram a guerra e mataram milhões de judeus e outros europeus. A Alemanha Oriental era socialista, progressista e sempre esteve lado a lado com a União Soviética contra o fascismo. Um número significativo de alemães orientais de fato cresceu acreditando que

166 USOS E ABUSOS DA HISTÓRIA

seu país tinha lutado do lado soviético na Segunda Guerra Mundial. Embora o regime da Alemanha Oriental tenha transformado em memoriais três de seus campos de concentração, as únicas mortes lembradas eram as dos comunistas; judeus e ciganos não eram mencionados.

A amnésia da Áustria era ainda mais impressionante. Nas décadas seguintes à Segunda Guerra Mundial, ela conseguiu, com sucesso, colocar-se como a primeira vítima do nazismo. Em Viena, em cerimônia de 1945 em um memorial dedicado aos soldados soviéticos mortos, Leopold Figl, que viria em seguida a ser o chanceler do país, mostrou pesar pelo "povo da Áustria, que viveu triste por sete anos em razão das barbaridades cometidas por Hitler". Os austríacos se confortaram mutuamente com essa crença durante as décadas seguintes. Eles eram um povo feliz e com pessoas tranquilas que jamais tinham desejado se juntar aos nazistas alemães. Hitler os havia forçado à *Anschluss*.* Eles nunca quiseram a guerra, e se seus soldados lutaram foi apenas para defender seu território. E sofreram muito, é bom que se diga, nas mãos dos Aliados. Quem, afinal, destruíra o magnífico Teatro da Ópera em Viena? O fato de os nazistas mais fervorosos, incluindo o próprio Hitler, serem austríacos, de multidões terem saudado sua marcha triunfal sobre Viena em 1938 e de ter havido uma colaboração espontânea de muitos austríacos na perseguição e eliminação de judeus — tudo isso foi varrido para debaixo do tapete. Os pouco bravos liberais que tentaram comemorar a pequena resistência austríaca ao nazismo e homenagear os judeus foram isolados e acusados de serem comunistas. Foi apenas nos anos 1960, com o surgimento de novas gerações e o exame que a

---

*Anexação político-militar da Áustria por parte da Alemanha em 1938. (*N. do T.*)

própria Alemanha realizava de seu passado nazista, que as questões sobre o papel da Áustria começaram a vir à tona.

Os japoneses são muitas vezes comparados desfavoravelmente aos alemães ocidentais, sobretudo pelos chineses. O Japão é acusado de não ter admitido sua culpa na invasão da China nos anos 1930 e seu papel no início da guerra no Pacífico, bem como o tratamento selvagem daqueles que foram conquistados, desde os estupros de Nanquim aos experimentos médicos desumanos realizados na Manchúria. Em tudo isso há verdade suficiente para manter as acusações. O Japão, assim como a Áustria, assumiu a postura de vítima nos anos do pós-guerra. Usou o bombardeio de Hiroshima e Nagasaki como um meio de desviar a atenção de seus próprios crimes. Demorou a oferecer indenização, por exemplo, às mulheres coreanas forçadas a se prostituírem para seus soldados. Muitos primeiros-ministros prestaram suas homenagens no Santuário de Yasukuni, que honra os soldados japoneses mortos, entre eles os líderes que foram condenados por crimes de guerra.

Por outro lado, tem havido um grande debate público a respeito de como lidar com partes difíceis do passado. Nos anos 1950, surgiram inúmeros livros e artigos, muitos dos quais escritos por testemunhas oculares e participantes que confirmaram que soldados japoneses tinham de fato cometido atrocidades. Ao mesmo tempo, muitos historiadores escreveram textos em que insistiam na revisão de todos os aspectos da guerra. Embora os nacionalistas tenham atacado tais textos, não foi possível evitar que fossem divulgados. Também não é verdade, como os chineses gostam de afirmar, que os estudantes japoneses se mantiveram alheios ao que aconteceu na guerra. (O ataque também partiu de um país onde a maior parte do passado, como a Revolução

168   USOS E ABUSOS DA HISTÓRIA

Cultural, não pode sequer ser examinada.) Nos anos 1970, por exemplo, os textos usados nas escolas japonesas mencionavam o massacre de Nanquim e o número de pessoas que haviam sido mortas. Para muitos japoneses, aquela década marcou o momento em que sua nação deixou de ser vítima e passou a ser algoz. Já na década de 1980, quando os nacionalistas tentaram minimizar a agressão japonesa e as atrocidades cometidas durante a guerra, a tentativa desencadeou uma reação furiosa por parte dos liberais e um grande debate público. Os intelectuais começaram a alargar o espectro de suas pesquisas sobre episódios e fatos menos conhecidos da guerra. Em dezembro de 1997, no aniversário do massacre de Nanquim, um desfile de cidadãos que incluiu a participação de intelectuais chineses e alemães marchou em Tóquio tendo à frente uma lanterna que ostentava os dizeres "em comemoração" em caracteres chineses.

A história tem produzido conflitos com muita frequência, mas também pode ajudar a promover reconciliações. O propósito das comissões de levantamento de fatos e reconciliação na África do Sul e no Chile foi expor as partes obscuras do passado e ir adiante. Isso não significa insistir nos sofrimentos ou crimes do passado e excluir todo o resto, mas sim aceitar que eles ocorreram e tentar avaliar o seu significado. Quando John Howard tentou introduzir um currículo nacional de história na Austrália, a diretora de uma escola para moças em Sydney descreveu como lidou com a contestação histórica acerca da chegada dos primeiros brancos. "Nós pesquisamos todos os termos sobre a colonização dos brancos: colonialismo, invasão, genocídio." O exame honesto do passado, seja ele doloroso ou não para as pessoas, é o único modo de tornar as sociedades maduras e de construir laços com outras.

GUERRAS DA HISTÓRIA   169

Em 2006, as velhas inimigas França e Alemanha produziram em conjunto um livro didático de história para ser usado por estudantes de ambos os países. Embora só seja contemplado o período seguinte à Segunda Guerra Mundial, o projeto a longo prazo é produzir mais livros que tratem do período delicado de antes de 1945. No Oriente Médio, o professor palestino Sami Adwan, da Universidade de Belém, vem trabalhando com o psicólogo israelense Dan Bar-On na produção de um livro que possa ser usado tanto por estudantes israelenses quanto por palestinos. Os objetivos deles são mais modestos do que os dos franceses e dos alemães. Eles esperam poder colocar as duas histórias nacionais lado a lado, assim como os momentos de cooperação e paz entre israelenses e palestinos, para contrabalançar as histórias que prevalecem sobre o conflito perpétuo entre ambos. Isso, esperam, ajudará a construir um entendimento mútuo que venha a ter uma implicação maior a longo prazo. "Para que as crianças israelenses e palestinas possam compreender a si mesmas", disse o professor Adwan em uma entrevista, "é preciso que elas compreendam o outro. Quando compreenderem a história do outro é que irão descobrir até que ponto estão realmente preparadas para compreender o outro lado e então promover mudanças em suas próprias histórias". Até o momento, infelizmente, apenas poucos professores de ambos os lados se mostraram interessados em usar os livros.

Atos públicos nos quais o passado é admitido também podem ajudar a curar as feridas entre os países. A primeira visita do chanceler Willy Brandt, líder da Alemanha Ocidental, à Polônia causou grande impacto quando ele se ajoelhou no Memorial ao Gueto de Varsóvia. Em 1984, Mitterrand e o chanceler alemão Helmut Kohl se encontraram em Verdun, local da batalha mais

170 USOS E ABUSOS DA HISTÓRIA

longa e sangrenta entre os dois países durante a Primeira Guerra Mundial, para celebrar o futuro da integração europeia. Os dois países também tinham construído em conjunto um museu sobre a guerra em Péronne, no local onde tinha sido montado o quartel-general da Alemanha para a Batalha do Somme. O museu foi projetado para mostrar a guerra como um fenômeno europeu e destacar a necessidade de integração da Europa contemporânea.

Em certos momentos, é claro, a admissão de crimes do passado pode ser mortal, como um remédio muito pesado. A União Soviética não sobreviveu à política da glasnost de Mikhail Gorbachev, à discussão aberta do passado stalinista. A revelação da extensão do Gulag e do número de vítimas de Stálin acabou minando a fé pública em todo o sistema que havia produzido essa espécie de crime. A admissão por parte da União Soviética em 1980, após anos de negativas, de que combinara secretamente com Hitler dividir os países que ficavam entre eles e que seus exércitos tinham massacrado os soldados poloneses depois da rendição em 1939 foi suficiente para acabar de destruir o controle que os soviéticos tinham sobre a Europa Oriental. (Hoje, a imprensa russa está deixando para trás essa admissão e voltando às velhas e falsas declarações de que a responsabilidade pelas mortes cabe aos nazistas.) Então, podemos nos perguntar: como um regime e um império como esses sobreviveram?

8

A História como Guia

Como vimos, a história tem sido bastante usada. Mas bem usada? Sobre isso, as opiniões divergem desde o século V a.C., quando Tucídides declarou que o passado era um suporte para a interpretação do futuro. Edward Gibbon a considera "o registro de crimes, tolices e fatalidades da humanidade". A.J.P. Taylor, contrário não só a essa visão mas a muitas outras, acreditava que a história era um exercício agradável que não tinha outra finalidade senão a de nos ajudar a entender o passado. "Claro", disse ele com desprezo, "que se pode aprender o que é óbvio, tais como que todos os homens morrem ou que o impedimento, qualquer que seja ele, um dia deixará de nos impedir". Talvez seja melhor perguntar se o presente seria pior se não tivéssemos qualquer conhecimento da história. Acredito que a resposta provavelmente seria afirmativa.

Para começo de conversa, a história nos ajuda a entender, em primeiro lugar, aqueles com os quais temos de lidar e, em segundo lugar, e não menos importante, nós mesmos. Como afirma o historiador americano John Lewis Gaddis, é como se olhássemos pelo espelho retrovisor: se você só olhar para trás, cairá numa vala, mas esse acessório ajuda a mostrar de onde você veio e quem mais está na estrada. Um dos fatores que tornaram a Guerra Fria tão

174 USOS E ABUSOS DA HISTÓRIA

perigosa foi que, para ambos os lados, havia uma compreensão diferente dela. Os americanos acreditavam que a retórica soviética tinha um valor nominal e contavam como certo que sua liderança buscava a dominação do mundo. Os comunistas, soviéticos ou chineses, acreditavam que os países capitalistas como os Estados Unidos e a Inglaterra iriam inevitavelmente chegar a um confronto, pelo crescimento de sua ganância brutal por lucros.

Michael Howard, historiador militar britânico, tinha poucas esperanças com a atitude que prevalecia em Washington durante a época da Guerra Fria. "A União Soviética é vista nos Estados Unidos como a força do mal cósmico, cujas políticas e intenções podem ser adivinhadas pela multiplicação dos dogmas marxistas por meio da capacidade militar soviética." Muitas das ambições soviéticas eram, de fato, tradições russas impostas pela história e pela geografia. A Rússia tem poucas fronteiras naturais e sofria seguidas invasões; seus governos sempre desejaram áreas neutras para proteger seu centro de poder. Quando Stálin aproveitou a oportunidade de entrar na Europa Oriental ao final da Segunda Guerra Mundial, estava motivado tanto pelo desejo de segurança quanto pela ideologia e o orgulho nacional, o orgulho nacional russo, mesmo tendo ele vindo da Geórgia. Durante a guerra, ele criou novas comendas militares não em nome de Marx ou Lênin, mas no de generais e almirantes da época czarista. Uma noite, ao final da guerra, depois de um jantar com seus companheiros mais íntimos, Stálin abriu um mapa sobre a mesa e apontou alegremente para todos os velhos territórios dos czares que ele havia retomado.

Os estrategistas americanos também acreditavam que o Kremlin estava preparado para arriscar tudo na guerra em busca de seus objetivos. Na verdade, devido às grandes perdas da União Soviética nas duas guerras mundiais e ao enorme trabalho de reconstrução antes de 1945, era perfeitamente possível que a liderança da União Soviética fizesse um grande esforço para evitar outra guerra. Hoje sabemos que esse foi de fato um aspecto frequente. Quando Nikita Khrushchev colocou mísseis nucleares em Cuba em 1962, parte de sua intenção era fazer com que os Estados Unidos sentissem o que significava um ataque direto e a devastação de seu país, algo que os soviéticos conheciam muito bem. E, quando os retirou, foi por que não desejava viver outra guerra ainda mais mortal do que as duas a que tinha sobrevivido.

Em 1949, quando os comunistas saíram vitoriosos na China, os americanos conheciam mais sobre a China do que sobre a União Soviética, porém, mesmo assim, mantiveram uma ideia errônea. Os pessimistas que acreditavam que os comunistas chineses estavam se colocando sob as ordens de Stálin, tranquilizaram os poucos especialistas na China, a quem aconselharam que, com histórias e culturas tão diferentes, era apenas uma questão de tempo para que as duas potências comunistas entrassem em conflito. Previam que Mao seria o Tito da Ásia (líder comunista iugoslavo que se indispôs de forma dramática com Stálin). E foi exatamente isso que aconteceu uma década mais tarde. Quando ocorreu a separação sino-soviética, o pessoal linha-dura do Ocidente não conseguiu acreditar e argumentou que as recriminações públicas entre Pequim e Moscou eram prova da hipocrisia e das artimanhas próprias dos comunistas.

Os comunistas sempre interpretaram o Ocidente da mesma forma inadequada, embora tivessem mais facilidade para conseguir informações. Os soviéticos supunham que as potências

176   USOS E ABUSOS DA HISTÓRIA

ocidentais tentariam destruí-los, pois afinal não foi isso o que elas fizeram ao mandar tropas para intervir na guerra civil russa? Na verdade, a intervenção ocidental, ainda que alardeada pelo apoio de pessoas como Winston Churchill, foi superficial; ao final da Primeira Guerra Mundial, países como a Inglaterra e a França estavam com pouca disposição para outras aventuras militares. Os fechados marxistas eram poderosos, e o que aprenderam sobre o Ocidente e sua história apenas reforçou seus preconceitos. Até mesmo os jovens diplomatas soviéticos só tinham permissão para ler os jornais comunistas dos países ocidentais. O capitalismo continuaria a massacrar os trabalhadores, como sempre fizera, e por fim haveria revoluções em países como a Inglaterra e os Estados Unidos. Falar sobre democracia, opinião pública ou das regras do estado de direito em tais lugares não passava de conversa fiada. Quando os presidentes Jimmy Carter e Bill Clinton, entre outros, levantaram questões sobre direitos humanos, os líderes comunistas viram tais atitudes apenas como um meio de interferir em seus assuntos internos.

Se não conhecermos a história de outro povo, não entenderemos seus valores, seus medos e suas esperanças, tampouco saberemos como reagirão a algo que se faça. Há outra maneira de perceber as coisas de forma equivocada, que é acreditar que as outras pessoas são como você. Robert MacNamara gastou muito tempo de sua vida tentando entender o que tinha dado errado na Guerra do Vietnã. Em suas memórias, *In Retrospect*, chegou a algumas elucidações que esperava serem úteis e levadas em consideração pelos líderes futuros. Dizia ele que "Víamos o povo e os líderes do Vietnã do Sul segundo nossa própria experiência. Víamos neles uma sede de liberdade e democracia e a determina-

A HISTÓRIA COMO GUIA 177

ção de lutar por essas causas." Os Estados Unidos deixaram de considerar a determinação dos vietnamitas do norte. Acreditaram que poderiam aumentar o sofrimento que estavam infligindo ao Norte até que seus líderes fizessem uma análise do custo-benefício e decidissem que era hora de jogar a toalha. E aquele era o povo que havia lutado durante sete anos para derrotar os franceses. "Nosso erro de avaliação tanto sobre os amigos como a respeito dos inimigos refletiram nossa profunda ignorância acerca da história, da cultura e da política dos povos daquela área, além das personalidades e dos hábitos de seus líderes", concluiu.

Essa não foi uma lição que a Casa Branca de George W. Bush parece ter aprendido. Você acredita no estudo da realidade, disse com desprezo um respeitado analista ao jornalista Ron Suskind em 2002. "Não é mais assim que o mundo funciona", continuou. "Agora somos um império, e quando agimos criamos a nossa própria realidade. E enquanto você está estudando esta realidade em detalhes, como certamente é seu desejo, nós agimos outra vez, criando novas realidades, que você também pode estudar, e é assim que as coisas encontrarão suas soluções. Somos os atores da história (...) e você, todos vocês, terão que estudar aquilo que fazemos." Se a Casa Branca tivesse estudado a realidade um pouco melhor, o presidente não teria usado a palavra "cruzada" dois dias depois do 11 de Setembro para se referir a como pretendia lidar com os terroristas. Os muçulmanos, mesmo os moderados, tendem a reagir de forma visceral ao serem lembrados de ataques anteriores pelo Ocidente. Se alguma atenção fosse dada à realidade, os Estados Unidos e o Reino Unido não teriam ficado tão surpresos com o fato de os iraquianos não terem lhes desejado

178   USOS E ABUSOS DA HISTÓRIA

boas-vindas ou não terem gostado de um controle estrangeiro sobre o seu petróleo.

Em novembro de 2002, quatro meses antes da invasão do Iraque, Tony Blair reuniu-se com especialistas ingleses independentes. "Nós todos dissemos mais ou menos as mesmas coisas", disse George Joffe, um especialista em Oriente Médio da Universidade de Cambridge. "O Iraque é um país muito complicado, há tremendos ressentimentos internos entre as comunidades locais e não consigo imaginar de que maneira vocês poderão ser bem recebidos." Blair não se mostrou interessado nessa análise e, em vez disso, concentrou-se em Saddam Hussein: "Mas o homem é a personificação do mal, não é?" Os especialistas tentaram explicar que os trinta anos da ditadura de Hussein tinham despedaçado a sociedade civil do Iraque a ponto de não existirem forças independentes organizadas que servissem como aliadas para a coalizão. Blair continuou desinteressado. O Ministério do Exterior também não tinha mais interesse em aproveitar o conhecimento e a experiência daqueles especialistas.

Um pouco mais de cinco anos depois, em janeiro de 2008, o Ministério da Defesa do Reino Unido publicou um relatório extremamente crítico sobre a maneira pela qual os soldados britânicos estavam sendo preparados para servir no Iraque. O relatório dizia que faltava informação a respeito do contexto no qual os soldados teriam de operar e falava sobre a incerteza acerca de como os iraquianos reagiriam à invasão. Os militares, continuava o relatório, falharam ao não mostrar de forma antecipada as diferenças entre o Iraque, os Bálcãs e a Irlanda do Norte, onde as forças britânicas tinham adquirido muito de sua experiência recente. Em outras palavras, eles não tinham prestado atenção à história do Iraque.

A HISTÓRIA COMO GUIA 179

Conhecer a história também pode evitar generalizações descuidadas. Seria tolice responsabilizar os sérvios, diziam os pessimistas, pela derrocada da Iugoslávia; veja como eles fizeram os nazistas baterem em retirada durante a Segunda Guerra Mundial. De fato, se você olhar com mais cuidado como tudo aconteceu, da maneira que fez um pesquisador americano há alguns anos, irá constatar que aquelas divisões alemãs não eram a nata do Exército, e muitos deles estavam seriamente despreparados. E, se olhar ainda com mais atenção para a Primeira Guerra Mundial, verá que o Exército sérvio foi derrotado e forçado ao exílio, e que a própria Sérvia permaneceu ocupada até o fim da guerra por tropas alemãs e austríacas. O Afeganistão apresenta uma retórica parecida de falta de esperança. Jamais foi conquistado por uma potência exterior, dizem os eruditos. Tal afirmação iria surpreender Alexandre, o Grande, e Genghis Khan. Hoje em dia, ouvimos que as potências ocidentais não podem interferir no crescente caos e na miséria do Zimbábue, pois isso só iria trazer de volta lembranças de um passado colonialista entre a população. É uma pena que tais considerações não foram levadas em conta quando os Estados Unidos foram para o Vietnã e, mais recentemente, para o Iraque.

A história ainda pode ajudar no autoconhecimento. A luz favorável sob a qual tão frequentemente nos vemos também pode projetar sombras. Os canadenses, por exemplo, veem a si próprios como uma força benevolente no mundo; tendem a ignorar o fato de que, entre os países ricos, o nosso tem dado muito pouca ajuda externa nas últimas décadas. Embora os canadenses se orgulhem de ser pacíficos, ignoram que o Canadá participou, no século XX, de quatro grandes guerras, da África do Sul à Coreia. Os america-

180 USOS E ABUSOS DA HISTÓRIA

nos tendem a pensar em si como um povo amante da paz que nunca fez força para entrar numa guerra. "Nosso país jamais iniciou uma guerra", disse o presidente Ronald Reagan em 1983. "Nosso único objetivo é a dissuasão, a força e a capacidade necessárias que temos para impedir as guerras." Não é isso o que pode ser visto por mexicanos, nicaraguenses e cubanos ou, hoje em dia, pelos iraquianos.

A famosa frase de George Santayana, "Aqueles que não conseguem se lembrar do passado estão condenados a repeti-lo", é um dos ditos que políticos e outros usam quando querem demonstrar profundidade. É verdade, entretanto, que felizmente a história nos relembra, de forma útil, do tipo de situação que causou problemas no passado. Os líderes dos Aliados durante a Segunda Guerra Mundial estavam confiantes de que daquela vez os alemães e as outras nações do Eixo ficariam incapacitados de alegar que jamais haviam sido derrotados no campo de batalha. A política dos Aliados era a de uma rendição incondicional, e a Alemanha, o Japão e a Itália estavam completamente ocupados ao final da guerra, e tentativas foram feitas, nem todas com sucesso, para remodelar suas sociedades a fim de que elas abandonassem suas posições antidemocráticas e militaristas. Quando alguém reclamou que tal tratamento era igual à paz selvagem que os romanos impuseram a Cartago, o general americano Mark Clark observou que hoje em dia não se ouvia falar nada a respeito dos cartagineses.

Quando o presidente Franklin Delano Roosevelt e outros líderes ocidentais começaram a planejar o mundo do pós-guerra, tinham em mente o passado recente. Desejavam construir uma ordem mundial fortalecida que impedisse o mundo de descambar

A HISTÓRIA COMO GUIA   181

outra vez para um conflito mortal. Os anos de intervalo entre as guerras tinham sido de instabilidade, em parte porque a Liga das Nações ainda não era bastante forte. Países chave, os Estados Unidos em particular, ainda não eram membros, e outros, como a Alemanha e o Japão, tinham se retirado. Desta vez, Roosevelt estava determinado, e os Estados Unidos passariam a ser um dos membros das Nações Unidas. Ele também estava preparado para fazer um grande acordo para que a União Soviética se filiasse e o mundo se tornasse estável e próspero. O que era uma ordem internacional de equilíbrio precário na década de 1920 foi levada a extremos pela Grande Depressão dos anos 1930 e encorajou muitas nações a se voltarem para dentro e a estabelecerem barreiras tarifárias para proteger seus trabalhadores e suas indústrias. Aquilo que fez sentido para um país individualmente foi um desastre para o mundo como um todo. O comércio e os investimentos despencaram vertiginosamente e as rivalidades nacionais se exacerbaram. O mundo deu uma guinada em direção à Segunda Guerra Mundial. Como disse um diplomata americano ao final da guerra, "Aquele pedaço da história ficou conhecido no Departamento de Estado de Cordell Hull como o relato bíblico da Queda do Jardim do Éden. A história não deve se repetir!"

Para evitar que aquilo acontecesse, os Aliados, com a aquiescência relutante da União Soviética, criaram instituições econômicas que, em conjunto, tornaram-se conhecidas como o sistema de Bretton Woods. O Banco Mundial, o Fundo Monetário Internacional e a Organização Internacional do Comércio (que mais tarde veio a se tornar a Organização Mundial do Comércio) foram idealizados para fornecer estabilidade à economia mundial e incentivar o livre comércio entre as nações. Qual a

182 USOS E ABUSOS DA HISTÓRIA

diferença que essas instituições trouxeram para a ordem internacional depois de 1945 será sempre motivo de debate, mas o mundo não viveu uma repetição de 1930.

As lembranças da Grande Depressão e as lições que foram tiradas daquela experiência voltaram à tona na segunda metade de 2008, enquanto o sistema financeiro mundial e sua economia cambaleavam de crise em crise. Os economistas que tinham relegado John Maynard Keynes a um segundo plano espanaram a poeira de suas obras, principalmente, as que falam sobre a necessidade de regulação das operações de risco e do uso que os governos podem fazer das ferramentas disponíveis para estimular a economia. Talvez tenha sido uma sorte ter Benjamin S. Bernanke, presidente do Federal Reserve, um dos grandes especialistas na Depressão, como uma das molas mestras na formulação da política americana durante aqueles meses tensos. Ele escreveu e fez palestras a respeito de sua visão do que considera como as lições da Depressão. Num artigo publicado na *Foreign Policy* em 2000, ele argumenta que "as repercussões econômicas de uma quebra no mercado de ações depende menos da severidade dessa queda do que da resposta dos formuladores da politica econômica, sobretudo dos bancos centrais". O Federal Reserve, disse ele, errou ao tentar proteger o valor do dólar com a elevação das taxas de juros, em vez de tentar estabilizar a economia doméstica. Em sua reação à crise de 2008, diferentemente de outros funcionários do governo, ele estava preparado para ir mais longe na implantação de medidas para estimular a economia.

Em seu livro *Thinking in Time*, Richard Neustadt e Ernest May mostram como o conhecimento dos antecedentes de uma questão pode nos ajudar a evitar enganos potenciais custo-

A HISTÓRIA COMO GUIA   183

sos e desnecessários. No verão de 1979, para pegar o exemplo mais marcante, começaram a circular rumores de que os soviéticos tinham colocado tropas prontas para o combate em Cuba. Isso aconteceu num momento em que as relações entre a União Soviética e os Estados Unidos estavam entrando em uma de suas fases mais tensas e trouxe de volta lembranças vívidas da crise dos mísseis de 1962, quando os soviéticos despejaram forças em Cuba, incluindo armas nucleares. A crise terminou quando Khrutchev, curvando-se às exigências de Kennedy, retirou os foguetes e as armas nucleares. Kennedy apresentou a promessa apaziguadora de que, em troca, os Estados Unidos não invadiriam Cuba. Essa brigada soviética teria sido o início de uma crise semelhante? E qual era a intenção dos soviéticos ao aparentemente violarem, o acordo de retirar as tropas em 1962?

Zbigniew Brzezinski, assessor de segurança nacional do presidente Carter, pediu que as agências de inteligência investigassem. Em meados de agosto, surgiram relatórios confirmando que havia uma brigada soviética em Cuba. Em seguida, o senador de Idaho Frank Church, que era presidente do Comitê de Relações Exteriores do Senado, foi a público. "O presidente", disse ele aos repórteres, "precisa deixar claro que traçamos a linha de penetração soviética deste hemisfério". A crise persistiu durante todo o mês de setembro. Surgiram então dois fatos, enquanto a administração começava a se voltar para dentro dos arquivos. A princípio, Kennedy solicitara a remoção das tropas soviéticas terrestres, porém ao final não insistiu mais nisso. Num segundo momento, e isso foi particularmente embaraçoso, parecia que as tropas soviéticas estavam estacionadas em Cuba desde 1962. "É estarrecedor", escreveu Cyrus Vance, secretário de Estado do presidente

184 USOS E ABUSOS DA HISTÓRIA

Carter, "o fato de ter diminuído na lembrança das agências institucionais de inteligência o cuidado e a atenção para com as forças soviéticas terrestres". O embaixador soviético Anatoly Dobrynin, que estava em Washington desde o tempo de Kennedy, encontrava-se em Moscou acompanhando os últimos momentos de sua mãe. Voltou apressadamente aos Estados Unidos para ajudar a contornar o que naquele momento era uma crise crescente e de consequências perigosas. Seus superiores em Moscou tiveram dificuldades para acreditar que toda aquela confusão tinha sido um verdadeiro erro e especularam se os americanos não teriam, na verdade, motivações sombrias. Na visão de Dobrynin, toda a farsa levou a uma posterior deterioração das relações entre a União Soviética e os Estados Unidos.

Dois grupos em nossa sociedade sempre consideraram a história como guia. Os homens do mundo dos negócios e os militares, que buscam saber quais são suas chances de sucesso se enveredarem por determinado caminho. Perderão seus investimentos ou, no caso dos militares, a guerra? Uma maneira de diminuir as possibilidades de perda é estudar as situações semelhantes do passado. Isso é o que se chama de estudo de caso. Por que o Edsel foi um fracasso e o Fusca, um sucesso? Em 2008, com os efeitos da crise das hipotecas atingindo as economias mundiais, os analistas de mercado se voltaram para a história na tentativa de determinar quanto tempo ainda iria durar a queda do mercado de ações (nos últimos 50 anos, aparentemente, tivemos nove quedas nos mercados, que duraram em média um ano.)

Os investidores podem passar por muitos maus momentos; os militares quase nunca se veem em meio a uma guerra, e é raro o oficial superior que luta em mais de uma. É possível praticar a

A HISTÓRIA COMO GUIA   185

arte da guerra por meio de exercícios, mas estes não podem reproduzir a realidade da guerra com toda a sua violência, confusão e imprevisibilidade. Dessa maneira, a história se torna a ferramenta mais importante para estudar as possíveis chances de vitória e de derrota. As armas e os uniformes são muito diferentes, mas ainda assim as academias militares e seus instrutores acham que é útil fazer com que seus alunos estudem as guerras do Peloponeso ou as batalhas de Nelson. Depois dos exercícios nas campanhas reais, os militares as estudam e tentam tirar proveito do que aconteceu. As histórias oficiais da Segunda Guerra Mundial ajudaram os governos e os militares a aprenderem com seus erros e acertos.

Agora, nos Estados Unidos, alguns militares estão tentando trazer as lições da guerra da França contra a Argélia, de 1954 a 1962, para aplicar no Iraque. E de fato existem paralelos: uma grande potência tecnologicamente avançada lutando contra um inimigo ardiloso e onipresente; uma população civil mal-humorada, com alguns de seus membros apoiando ativamente os insurgentes; e o nacionalismo do islã alimentando a luta. Na Marine Corps University, na Virgínia, os jovens oficiais assistem a aulas sobre a guerra franco-argelina. O filme clássico *The Battle of Algiers,* que mostra a brutalidade de ambos os lados, está sendo usado pelo Pentágono para auxiliar no treinamento. "Um pouco estranho", disse seu diretor, o italiano Gillo Pontecorvo, pouco antes de morrer em 2006. "Acho que o máximo que *The Battle of Algiers* pode fazer é ensinar a fazer cinema, e não guerra." O presidente Bush tem lido *A Savage War of Peace*, relato clássico sobre a guerra da Argélia. (Na Internet, cada exemplar estava sendo vendido por mais de duzentos dólares

186   USOS E ABUSOS DA HISTÓRIA

até que o editor resolveu fazer uma edição em brochura.) Em maio de 2007, Bush fez um raro convite para receber seu autor, o inglês Alistair Horne, na Casa Branca. O presidente não parecia interessado na derrota dos franceses naquela guerra. Segundo um de seus assessores, Bush achou o livro interessante mas chegou à conclusão de que os franceses perderam por que sua burocracia não estava à altura da operação.

Prestar atenção ao passado nem sempre evita que os militares o assimilem de forma errônea. Antes da Primeira Guerra Mundial, havia provas suficientes de que o poder da defesa estava ganhando força. Da Guerra Civil Americana até a Guerra Russo-Japonesa de 1904-5, a combinação de trincheiras e um poder de fogo maior e mais rápido estava elevando de forma dramática o custo dos ataques. Apenas uma pequena quantidade de observadores considerou essa tendência com seriedade. Grande parte dos pensadores militares europeus consideraram que esse tipo de guerra por terra era composto por ataques de forças de pouca capacidade (não europeias, em outras palavras). Os franceses, acostumados por sua própria história militar a pensar em termos ofensivos, encontraram algum consolo no trabalho de um jovem oficial que morreu no primeiro mês da guerra contra a Prússia. Ardant du Picq declarou que a vitória final aconteceu devido à superioridade moral. Os planejadores militares franceses deram ênfase também ao poder de fogo, ao melhor treinamento e à superioridade numérica, incluindo a cavalaria, para conseguir a vitória. Deram muito pouca atenção às técnicas de defesa antes de 1914 e muita, após 1918. As grandes perdas da Primeira Guerra Mundial, os longos anos de impasse na frente ocidental e sobretudo a luta desesperada em torno de Verdun, onde o Exército francês sitiou

A HISTÓRIA COMO GUIA 187

os alemães, levaram os militares e políticos franceses a acreditarem que o futuro da guerra estava na defesa. No momento em que surgiam os aviões, a artilharia móvel, os tanques e outros veículos motorizados, que tornavam possível contornar ou atacar as fortificações, os franceses enterraram suas esperanças e boa parte de seu orçamento militar na construção da Linha Maginot. Enquanto a maior parte do Exército estava esperando o grande ataque alemão que nunca aconteceu, as forças de Hitler estavam dando a volta pela extremidade ocidental da linha.

No final da Guerra do Vietnã, os militares americanos tinham aprendido bastante sobre como usar a contrainsurgência em uma guerra contra um movimento nacional que usava tanto forças convencionais como de guerrilha. O problema era que poucas pessoas desejavam se lembrar do Vietnã ou de suas lições. T.X. Hammes, coronel fuzileiro interessado em contrainsurgência, disse que havia "uma reação bastante visceral para que não fizéssemos isso outra vez". O treinamento militar americano era voltado para a guerra convencional; uma contrainsurgência não foi sequer mencionada no centro de planejamento estratégico do Exército nos anos 1970. Entretanto, Hammes estudou pequenas guerras em lugares como a América Central, a África e o Afeganistão e escreveu um livro a respeito de como lutar em um conflito armado com guerrilheiros. Um editor recusou seu trabalho: "O livro é interessante, bem escrito, mas seu assunto não interessa a ninguém porque isso é algo que não vai acontecer." *The Sling and the Stone: On War in the 21st Century* saiu em 2004, quando os americanos estavam aprendendo a duras penas no Iraque as lições que tinha preferido esquecer. Em 2005, o general David Petraeus, um dos poucos generais americanos a conceber táticas

188   USOS E ABUSOS DA HISTÓRIA

de sucesso no Iraque, montou uma academia de contrainsurgência lá. De volta aos Estados Unidos, ele tornou obrigatório o estudo da contrainsurgência nas escolas militares superiores. O livro *Os sete pilares da sabedoria*, de T.E. Lawrence, sobre a revolta dos árabes contra os turcos durante a Primeira Guerra Mundial, e *Counterinsurgency Warfare*, de autoria do oficial francês David Galula, tornaram-se sucessos de venda inesperados nas livrarias próximas às bases militares.

A história pode nos ajudar a adquirir sabedoria e também nos sugerir qual será o provável resultado de nossas ações. Não há esquemas predefinidos na história que possam nos ajudar a moldar o futuro da maneira que desejamos. Cada evento histórico é uma confluência única de fatores, pessoas ou cronologias. Pelo exame do passado, podemos tirar lições úteis sobre como proceder e ser alertados acerca do que pode ou não acontecer. Temos de ser cuidadosos e lançar nosso olhar da forma mais ampla possível. Se olharmos apenas para as lições que reforçam as decisões que já tomamos, iremos ter problemas. Em maio de 1941, Stálin se recusou a ouvir os alertas que chegavam de todos os cantos dizendo que os alemães se preparavam para atacar a União Soviética. Ele não desejava uma guerra com a Alemanha porque sabia o quão despreparada estava a União Soviética. Assim, convenceu-se de que não iria fazer qualquer movimento enquanto não celebrasse a paz com a Inglaterra. "Hitler e seus generais não são tão estúpidos de lutar ao mesmo tempo em duas frentes", disse Stálin a seu círculo de colaboradores. "Isso quebrou o pescoço dos alemães na Primeira Guerra Mundial." Um mês mais tarde, as tropas alemãs sobrepujaram as forças soviéticas que tinham

A HISTÓRIA COMO GUIA 189

ocupado posições defensivas atrás das fronteiras. Stálin poderia ter encontrado outras lições no passado se quisesse. Hitler tinha se mostrado um jogador antes mesmo de ter tomado a Áustria e a Tchecoslováquia. Sua vitória rápida e extraordinária sobre a França em 1940 serviu apenas para convencê-lo de que estava sempre certo. Além disso, não tinha feito segredo de seu objetivo de longo prazo, que era o de avançar para o leste e ganhar território para o povo alemão.

A história, se usada com inteligência e cuidado, pode nos apresentar alternativas e nos ajudar a formular as perguntas que precisamos fazer no presente, além de nos alertar sobre o que pode dar errado. Nos anos 1920, T.E. Lawrence criticou o governo britânico por seu envolvimento naquilo que veio a se tornar o então novo país chamado Iraque:

O povo da Inglaterra foi conduzido a uma armadilha na Mesopotâmia, da qual será difícil escapar com honra e dignidade. Foi atraído para ela pela ocultação constante de informações. Os comunicados de Bagdá são atrasados, insinceros e incompletos. As condições são piores do que nos disseram que seriam, e nosso governo, mais sanguinário e ineficiente do que jamais se viu. É uma desgraça para a nossa história imperial, que em breve pode estar muito inflamada para ser curada com facilidade. Não estamos muito longe de um desastre. Nossas tropas infelizes, indianas e britânicas, sob duras condições de clima e suprimentos estão patrulhando uma área imensa, pagando caro por cada dia de suas vidas em razão da política obstinadamente errada da administração civil de Bagdá, mas a responsabilidade, no caso, não é do Exército, que tem agido apenas a pedido das autoridades civis.

190 USOS E ABUSOS DA HISTÓRIA

Em 2002, enquanto os governos americano e inglês prepara-vam seus planos para uma invasão imediata e para o que, confian-tes, consideravam que seria uma breve ocupação do Iraque, eles deveriam ter tido a sabedoria de olhar para a ocupação anterior. Os ingleses acreditaram que seria fácil, que os habitantes locais iriam lhes dar boas-vindas ou no mínimo ficar à parte e que eles acabariam encontrando um governante árabe prestativo para representá-los. Além disso, o Iraque poderia pagar por essa in-tervenção com a exportação de trigo e possivelmente do petróleo que ainda deveria ser explorado. Essas ilusões duraram quase um ano. No verão de 1920, as forças britânicas chegaram ao limite ao tentar conter as revoltas disseminadas por todo o país. Embo-ra os britânicos pensassem ter encontrado seu governante em Faisal, a quem fizeram rei no ano seguinte, ele nunca demons-trou ser o governante complacente que desejavam. O Iraque per-maneceu sendo uma parte difícil e problemática da esfera de influência britânica até a década de 1950. Em vez disso, a coali-zão olhou para lados errados — os da Alemanha e do Japão de-pois da Segunda Guerra Mundial —, ou talvez seja mais justo dizer que aqueles que fizeram as políticas em 2002 receberam as lições erradas daqueles episódios. O presidente Bush disse, con-fiante em um discurso no American Enterprise Institute, no dia 26 de fevereiro de 2003: "Houve um tempo em que muitos dis-seram que as culturas do Japão e da Alemanha eram incapazes de sustentar valores democráticos. Bem, eles estavam errados. Hoje dizem o mesmo a respeito do Iraque. Estão enganados." Ainda assim, as ocupações anteriores só funcionaram porque os Alia-dos fizeram planos exaustivos antes de se tornarem vitoriosos; tinham milhares de tropas por terra e estavam lutando contra um inimigo que havia admitido a derrota.

A HISTÓRIA COMO GUIA   191

Se aqueles que tomaram as decisões cruciais em 2002 tivessem desejado saber como os iraquianos iriam responder a uma invasão e a uma ocupação estrangeira, poderiam ter encontrado ideias instrutivas e alertas na experiência britânica lá, ou até em outras ocupações, como as da Alemanha e do Japão ao final da Segunda Guerra Mundial. Quando pretendemos tomar ciência de uma situação (e da mesma forma ter mais informações do que podemos absorver) e chegar às decisões, usamos analogias para tentar discernir um padrão e separar o que é importante do que não é. Se o presidente Bush ou o primeiro-ministro Tony Blair concluíssem que Saddam Hussein era bastante parecido com Hitler, então isso sugeriria maneiras de lidar com ele. Se a crise econômica de 2008 é como o início da Grande Depressão, então os governos e os bancos centrais podem decidir estimular a economia. Se ela é mais parecida com o estouro da bolha das empresas ponto.com nos anos 1990, deve ser mais adequado tratá-la com uma correção de curta duração dos mercados. Os seres humanos nem sempre fazem as analogias corretas, mas quase sempre se veem inclinados a tentar usá-las.

Os chineses já entenderam isso há séculos. A civilização chinesa tradicional sempre tirou do passado histórias de fundo moral e exemplos de como se comportar com sabedoria. Nem mesmo os comunistas chineses, que representavam uma ideologia voltada para o futuro, escaparam desse hábito secular. Seus líderes, desde Mao, se referiam inúmeras vezes aos acontecimentos do passado, mesmo que fosse um passado muito distante. Seria como se um presidente americano ou um primeiro-ministro canadense fizesse referências a Júlio César ou Carlos Magno em suas conversações e esperasse que seus ouvintes os entendessem pronta-

192 USOS E ABUSOS DA HISTÓRIA

mente. Quando, ao final dos anos 1960, Mao estava ponderando sobre a abertura de relações com os Estados Unidos, em parte para contrabalançá-las com as que possuía com a União Soviética, tinha em mente o exemplo do estadista do século III que recomendou a aliança com um dos dois inimigos de seu país para derrotar um terceiro e encorajou seu governante a escolher a potência mais afastada como aliada, com o argumento de que era melhor levar o inimigo para longe de suas fronteiras. Observando o resultado da decisão de Mao — a expansão das relações entre a China e os Estados Unidos e o respeito crescente com o qual a União Soviética e depois a Rússia passou a tratar a China —, é difícil discordar de seu raciocínio.

Quando os Estados Unidos lideraram a coalizão contra o Iraque durante a Guerra do Golfo em 1991, seus líderes tinham em mente duas analogias. Não queriam que as forças americanas ficassem presas dentro do país, como aconteceu no Vietnã, e desejavam dissuadir o regime de Hussein de tentar novas aventuras, como fizeram com a contenção da União Soviética e da República Popular da China durante a Guerra Fria. Embora o presidente George H. W. Bush e seu presidente da Junta de Chefes de Gabinete, o general Colin Powell, tenham sido muito criticados, principalmente pela direita, por não terem invadido o Iraque e deposto Hussein, na verdade eles agiram com sabedoria. As forças da coalizão americanas não ficaram presas a uma guerra terrestre, e, embora o regime de Hussein tenha sobrevivido, sua capacidade de ameaçar seus vizinhos tornou-se mínima (ele ainda possuía, infelizmente, os meios para matar e reprimir os cidadãos iraquianos.)

As analogias da história devem, é claro, ser tratadas com cuidado. Usar uma de maneira errada pode não apenas desenhar um quadro muito simplificado de uma situação complexa do presente, mas também levar a decisões equivocadas. Depois do 11 de Setembro de 2001, esteve na moda, sobretudo entre os neoconservadores, falar sobre como o Ocidente se viu envolvido na Quarta Guerra Mundial. Norman Podhoretz, importante pensador neoconservador, afirmou que a Guerra Fria foi na verdade a Terceira Guerra Mundial e que agora, após um breve período de paz durante os anos 1990, estamos envolvidos em uma luta igualmente total e mortal contra o fundamentalismo islâmico. Como nas outras guerras, os Estados Unidos e seus aliados são a parte inocente. O Ocidente está apenas se defendendo, mesmo em guerras como a do Iraque, em que ele lançou o ataque. Vista sob esse ângulo, a guerra é moral, do bem contra o mal. Um slogan conveniente cuja autoria é reivindicada com orgulho pelo canadense David Frum é o de "Eixo do Mal". Não importa que o Eixo, na Segunda Guerra Mundial, estivesse construindo alianças entre a Alemanha, a Itália e o Japão e que este de agora inclua o Irã e o Iraque, países que guerrearam entre si na década de 1980, e a Coreia do Norte, cujos líderes devem ter dificuldade de encontrar no mapa seus dois famosos parceiros. Não importa também que a Guerra Fria não tenha sido como as duas guerras mundiais e que não tenha terminado com um armistício selado no campo de batalha, mas sim com o colapso de um de seus protagonistas. Aqueles que criticam a natureza aberta e mal definida da "guerra ao terror" ou a ocupação do Iraque são rejeitados e taxados de isolacionistas, covardes ou algo pior. Revendo o trabalho recente de Podhoretz chamado *World War IV: The Long Struggle Against Islamofascism*, Ian Buruma escreveu: "O livro expressa uma lembrança nostálgica do estado de guerra pela clareza que apresenta e pela facilidade com que divide as pessoas,

194 USOS E ABUSOS DA HISTÓRIA

ou mesmo o mundo, em amigos e inimigos, companheiros e traidores, guerreiros e pacifistas, os que estão do nosso lado e aqueles que são contra nós."

Outra analogia que vem sendo ventilada há anos é com Munique, palco das políticas de conciliação que as democracias usaram em vão nos anos 1930 com os ditadores em um esforço de evitar outra guerra. Foi em Munique, após a Conferência de 1938, quando a Inglaterra e a França concordaram que a Alemanha de Hitler deveria ficar com a parte da Tchecoslováquia de fala alemã, que a cidade se tornou símbolo de fraqueza em face da agressão. Os críticos conciliadores dizem que se as democracias tivessem se oposto a Hitler, melhor ainda se fosse nos anos 1930, antes de a Alemanha ter se rearmado, e também à Itália e ao Japão, a Segunda Guerra Mundial poderia ter sido evitada. Mas o que essa analogia significa? Que você não deve jamais conversar com seus inimigos e tentar encontrar um denominador comum? Nesse caso, tanto o presidente Dwight Eisenhower, que conversou com Nikita Khrushchev, quanto Nixon, que procurou Mao, podem ser chamados de conciliadores. Era errado as democracias dos anos 1930 tentarem evitar a guerra? Elas ainda estavam assombradas pelas mortes cruéis tão recentes da Primeira Guerra Mundial e pelo medo de que uma nova tecnologia de bombas pudesse destruir a civilização. Homens como Neville Chamberlain cometeram um engano, e é muito mais fácil perceber isso em retrospecto, ao acreditarem que Hitler poderia parar depois que os objetivos "razoáveis" da Alemanha fossem satisfeitos, como a *Anschluss* com a Áustria.

Em maio de 2008, o presidente Bush, num discurso no Knesset de Israel, atacou aqueles que pensavam que podiam dialogar de maneira construtiva com os inimigos da América, como

A HISTÓRIA COMO GUIA   195

a Síria, o Irã e o Hamas. Embora não os tenha chamado pelo nome, a maior parte das pessoas inferiu que ele estava se referindo ao presidente Jimmy Carter e a Barack Obama, então candidato do Partido Democrata, e talvez até aos seus anfitriões. "Quando os tanques nazistas entraram na Polônia em 1939", disse Bush, "um senador americano declarou: 'Senhor, se ao menos eu pudesse ter falado com Hitler, tudo isso poderia ter sido evitado.' Temos a obrigação de chamar isso pelo nome que tem — o falso conforto da conciliação, que tem sido repetidamente desacreditado pela história". A Síria e o Irã podem ser comparados com a Alemanha nazista? Conversar com eles será um sinal de fraqueza ou uma tentativa sensata de negociar a paz? Será sempre um erro conversar com organizações terroristas? Os ingleses lutaram contra o IRA na Irlanda do Norte, mas também desejavam negociar. O que é conciliação e o que não é nem sempre fica muito claro. Entretanto, o que é inegável é que a analogia de Munique deixou marcas profundas e indeléveis nos estadistas e tem sido usada amplamente para justificar muitas políticas. Anthony Eden, primeiro-ministro britânico que sucedeu a Churchill, empregou essa analogia com efeitos desastrosos em 1956, ao tentar lidar com o ditador egípcio Gamal Abdel Nasser. Assim como muitos líderes do que então era chamado de Terceiro Mundo, Nasser estava preparado para receber ajuda dos dois lados da Guerra Fria. Comprou armas da Tchecoslováquia comunista ao mesmo tempo que tentava obter um empréstimo dos Estados Unidos para construir a represa de Assuã, no Nilo. O secretário de Estado americano John Foster Dulles não conseguiu o empréstimo através do Congresso. Em represália e a fim de levantar os fundos de que necessitava, Nasser nacionalizou o

196 USOS E ABUSOS DA HISTÓRIA

Canal de Suez, que até aquele momento pertencia e era administrado pelos ingleses. A reação de Eden foi clara. Como secretário do Exterior inglês nos anos 1930, ele havia lidado com ditadores. Agora ele e o mundo estavam outra vez se defrontando com a mesma situação. Como ele deixou registrado em suas memórias: "O sucesso obtido em inúmeras aventuras que envolveram a quebra de acordos na Abissínia, na Renânia, na Áustria, na Tchecoslováquia e na Albânia persuadiram Hitler e Mussolini de que as democracias não tinham a intenção de resistir e que as tropas deles poderiam marchar com a certeza do sucesso do início ao fim do caminho que levava ao domínio do mundo (...) Tendo, eu e meus colegas, avaliado o cenário naqueles meses do outono de 1956, determinamos que algo equivalente não voltaria a acontecer." Mas Nasser não era como Hitler e não tinha a intenção de conquistar seus vizinhos. Ao contrário, era um nacionalista que necessitava muito de recursos para desenvolver seu próprio país e conquistar uma posição de liderança no Oriente Médio. A ação conjunta de Inglaterra, França e Israel para tomar o Canal de Suez não foi apenas mal concebida; serviu para aglutinar os egípcios e o mundo árabe em torno de Nasser. Além disso, tal parceria enfureceu os americanos, que, longe de enxergar uma repetição dos anos 1930, estavam preocupados com o impacto moral sobre outros países do Terceiro Mundo.

Em 1950, quando as tropas norte-coreanas invadiram o Sul, o presidente Harry Truman foi claro a respeito da necessidade de uma de ação: "O comunismo estava agindo na Coreia exatamente como Hitler e os japoneses agiram há dez, quinze, vinte anos." Pode ter tido razão. Não há dúvida de que Stálin, como Hitler, estava jogando com a possibilidade de uma vitória fácil. Nesse caso, pensou estar preparado para retirar seu apoio à Coreia do Norte se este ficasse muito caro. Há poucas evidências de que Hitler pudesse desistir de suas exigências com relação à Europa, mesmo frente a uma oposição forte por parte das democracias. Ele estava determinado a ir à guerra mais cedo ou mais tarde. O presidente Kennedy, cuja tese e livro *Why England Slept* é sobre a conciliação britânica, tinha Munique em mente ao debater com seus assessores a maneira de lidar com a União Soviética na questão dos mísseis em Cuba. Kennedy disse que "Os anos 1930 nos ensinaram uma clara lição: uma conduta agressiva, se deixada seguir sem ser contestada, acaba levando à guerra". Sabiamente, entretanto, ele usou o bloqueio naval, em vez da guerra, para pressionar os soviéticos. Felizmente também, ele tinha lido o livro *The Guns of August*, de Barbara Tuchman, sobre o início da Primeira Guerra Mundial e estava consciente de como uma série de erros e equívocos pode produzir uma grande catástrofe. Alguns anos mais tarde, Lyndon Johnson, seu sucessor, usou outra vez a analogia, dessa vez para o Vietnã. Ele não queria ser como Neville Chamberlain, o primeiro-ministro britânico que lidou com Hitler. Sabia que, se saísse do Vietnã, como disse ao seu biógrafo, "estaria dando uma grande recompensa à agressão".

Quando Johnson teve de decidir se mandava ou não tropas para o Vietnã em 1965, o debate em seu governo foi muito marcado pelas analogias. Como demonstrou Yuen Foong Khong, da Universidade de Oxford, tanto Munique quanto a Guerra da Coreia e a derrota francesa de 1954 foram utilizadas para validar argumentos poderosos. De um lado estavam os que, como Robert McNamara, Dean Rusk, então secretario de Estado, e William Bundy, seu assistente para os assuntos do Leste Asiático e do

198   USOS E ABUSOS DA HISTÓRIA

Pacífico, argumentavam que tanto Munique como a Coreia serviram de incentivo para uma presença maior dos americanos no Vietnã. Como disse Bundy, a lição era que "a agressão de qualquer espécie deve ser encarada o mais cedo possível ou então terá de ser enfrentada mais tarde em piores circunstâncias. Nós aprendemos as lições dos anos 1930 — da Manchúria, da Etiópia, da Renânia e da Tchecoslováquia." O que eles também deduziram, e isso complicou a decisão, foi que a China iria provavelmente intervir se a guerra chegasse muito perto de suas fronteiras. Isso, no fim, era para limitar a resposta americana no Vietnã de uma forma que não foi feita na Coreia.

O principal advogado contra o envio de tropas foi o subsecretário de Estado George Ball. Na primavera de 1965, ele alertou que mesmo com meio milhão de soldados os Estados Unidos "talvez não consigam ter sucesso suficiente na guerra". A analogia que usou foi a da guerra francesa no Vietnã, que terminou com a rendição de sua divisão em Dien Bien Phu. "Os franceses", salientou, "lutaram no Vietnã e foram totalmente derrotados depois de sete anos de esforços sangrentos, e ainda tinham um Exército de duzentos e cinquenta mil veteranos endurecidos pelo combate em terra que era apoiado por um exército de 250 mil sul-vietnamitas". Alertou também que aos olhos de muitos vietnamitas os americanos estavam apenas substituindo a França como potência colonial. Como o presidente Bush faria mais tarde, com a analogia entre a Argélia e o Iraque, os adversários de Ball se concentraram em mostrar em que os americanos eram diferentes dos franceses. A França ficou dividida durante a guerra, e sua liderança política era fraca e instável. O povo americano, de maneira geral, apoiava a guerra,

A HISTÓRIA COMO GUIA   199

exceto por alguns poucos religiosos e intelectuais, e o governo estava determinado a ficar e vencer. Além disso, muitos vietnamitas "bem informados" sabiam que os Estados Unidos estavam lá não apenas por causa de seus próprios fins egoístas, mas para defender a independência do Vietnã do Sul. Na batalha das analogias, Ball acabou perdendo. Como disse com vigor o embaixador americano no Vietnã do Sul, Henry Cabot Lodge, "Sinto que há uma ameaça maior de se dar início à Terceira Guerra Mundial se não entrarmos lá. Vocês não estão vendo a semelhança com a nossa própria indolência em Munique?".

A Guerra do Vietnã, por sua vez, viria a produzir seu próprio conjunto de analogias. Duas maneiras de extrair lições surgiram dessa experiência infeliz. A lição que agradou tanto os liberais quanto os democratas, além de parte dos militares, foi a de que, em primeiro lugar, os Estados Unidos não deveriam jamais ter se envolvido. Eisenhower, Kennedy e depois Johnson permitiram que os Estados Unidos entrassem em uma guerra sem objetivos claramente definidos, e era crucial que os interesses americanos não aparentassem estar em risco. O resultado foi uma perda de autoridade moral para os Estados Unidos, na medida em que o país acabou sendo taxado de agressor imperialista enquanto seus soldados cometiam atrocidades como o massacre de My Lai. A lição importante foi que os Estados Unidos deveriam evitar entrar outra vez em conflitos como esse Outra lição, mais ao gosto da direita, foi a de que a Guerra do Vietnã podia ter sido vencida se os Estados Unidos tivessem se preparado melhor, forçado a submissão do Vietnã do Norte com bombardeios e enviado mais tropas por terra. Tanto a imprensa como a opinião pública deveriam ter

200 USOS E ABUSOS DA HISTÓRIA

sido melhor manipuladas para evitar o sentimento de derrotismo que minou internamente o esforço de guerra dentro do país.

Em 1991, enquanto o governo de Bush pai especulava sobre a atitude que deveria adotar em relação a Saddam Hussein, o Vietnã surgiu como exemplo de como não fazê-lo. Colin Powell, que tinha lutado no Vietnã, vinha colecionando lições há muito tempo. Se os Estados Unidos se envolvessem em outra guerra, deveriam ir com uma força avassaladora e com objetivos claros. Jamais deveriam entrar outra vez em um conflito ilimitado que exaurisse as Forças Armadas e criasse divergências domésticas. Munique fez parte da justificativa. Em sua invasão do Kuwait, Saddam Hussein era sem dúvida o agressor, e a ação militar fez cessar novas tentativas de intromissão no território de seus vizinhos. O Iraque ficou bastante enfraquecido e desejoso de cooperar, mesmo que de má vontade, com os inspetores de armas das Nações Unidas.

Quando o novo governo Bush voltou-se para o Iraque depois do 11 de Setembro, também usou a analogia de Munique, mas sua importância foi menor. Nos anos 1930, Hitler comandava um dos países mais poderosos do mundo. Como o intelectual americano Jeffrey Record coloca, "Hitler não era fraco ou acovardado; já Saddam não era outra coisa senão fraco e acovardado". Em 1991, a Operação Tempestade no Deserto quase acabou antes de começar. Em 2003, foram necessárias três semanas para derrotar Saddam Hussein completamente com uma força relativamente pequena; por outro lado, foram necessários quatro anos para derrotar Hitler com a ação conjunta das forças do império britânico, da União Soviética e dos Estados Unidos. Embora os governos Bush Blair tenham tentado pintar Saddam como uma ameaça ao mundo para justificar a invasão, as provas que tinham de que ele possuía armas de destruição em massa eram, hoje sabemos, na melhor das hipóteses frágeis. E a afirmação de que Saddam Hussein estava de alguma forma aliado a Osama Bin Laden era absurda para quem quer que soubesse história. Hussein era um leigo e Bin Laden é um fanático religioso. Eles não tinham nenhuma relação cordial entre si, e de fato Bin Laden muitas vezes tentou fazer com que os iraquianos depusessem Hussein. Podemos aprender com a história, mas também nos enganamos quando nos apropriamos seletivamente de evidências do passado para justificar aquilo que já decidimos fazer.

Conclusão

Na noite de 11 de setembro de 2001, a escritora americana Susan Jacoby ouviu dois homens conversando num bar em Nova York. "Isso é que nem Pearl Harbor", disse um deles. "O que é Pearl Harbor?", perguntou o outro. "Foi quando os vietnamitas bombardearam um porto e começou a Guerra do Vietnã", respondeu o primeiro. O fato de eles não saberem do que estavam falando tem alguma importância? Eu afirmo que sim; os cidadãos que não conseguem contextualizar o presente e que têm tão pouco conhecimento do passado podem ser facilmente alimentados por histórias inventadas por aqueles que se gabam de saber a história e as lições que foram deixadas através dos tempos. Recorremos à historia, quase sempre às custas de quem a usa, como vimos, para reforçar nossos sentimentos de solidariedade, justificar um tratamento malvado dado aos outros e reforçar certos argumentos, políticas e ações. O conhecimento do passado nos ajuda a contestar declarações dogmáticas e generalizações. Ensina também a pensar com mais clareza.

204 USOS E ABUSOS DA HISTÓRIA

Se esses dois homens equivocados no bar soubessem algo a respeito de Pearl Harbor, teriam entendido que o ataque ao World Trade Center não foi igual ao ataque do Japão aos Estados Unidos em 1941. Aquela era uma guerra entre dois países; este foi um ato de terrorismo. Por outro lado, isso sugere que a tática e a estratégia teriam de ser diferentes da anterior. Embora muitos, inclusive o governo Bush, tenham falado de guerra contra o terrorismo, a analogia estava equivocada. As guerras pressupõem inimigos, não ideias, e têm objetivos definidos — em geral forçar o inimigo a render-se —, mas uma guerra contra o terror não tem um fim definido. E nem o ataque ao World Trade Center teve qualquer semelhança com o Vietnã. Lá os Estados Unidos estavam realizando uma guerra contra um país inimigo, e seus iadversários eram o Vietnã do Norte e seus aliados do Sul.

Com as consequências do 11 de Setembro, que chocaram, irritaram e amedrontaram os americanos, foi crucial que os cidadãos e os líderes fossem capazes de pensar com clareza. Para começar, quem era o inimigo? Nesse ponto a história foi de grande ajuda, pois pôde apontar não apenas a al-Qaeda e seus objetivos, mas os motivos de sua raiva contra o Ocidente. Lá estava a história para lembrar aos americanos sobre o comportamento de seu país no mundo e em face de ameaças. Mas essas considerações foram completamente ignoradas pelo governo, que se preparava para a guerra, primeiro contra o Afeganistão e depois contra o Iraque. Um ano depois do ataque ao World Trade Center, Paul Schroeder, um dos historiadores de relações exteriores mais equilibrados dos Estados Unidos, escreveu um artigo intitulado "O que mudou depois do 11/9? Pouca coisa e não para melhor," no qual exortava os americanos a colocarem o que acontecera em um contexto global mais abrangente. Sim, disse ele, o ataque foi

CONCLUSÃO 205

chocante, mas não causou prejuízos duradouros aos Estados Unidos. A ameaça terrorista na verdade foi séria, mas não foi maior do que a sofrida por outros países no presente e no passado. Contudo, o governo Bush estava usando o 11 de Setembro para afirmar o direito de os Estados Unidos decidirem a quem atacar, quando quisessem, sem consulta a seus aliados ou a organismos internacionais como as Nações Unidas. "É difícil compreender e impossível exagerar", escreveu Schroeder, "quão original, abrangente, perigosa e subversiva da ordem e da paz do mundo é essa nova doutrina Bush. Ela viola as duas pedras fundamentais do sistema internacional desenvolvido durante os últimos cinco séculos: o princípio da independência, da igualdade jurídica e do status de suas unidades componentes (hoje quase todos os países), e todos os seus princípios vitais de oposição e a necessidade de essas unidades independentes formarem e usufruirem de associações com propósitos comuns e de seguirem normas e práticas reconhecidas, principalmente na busca da paz e da segurança". Os Estados Unidos, sobretudo com a ocupação e invasão do Iraque, estão abandonando sua própria história de trabalhar com os outros na conquista da ordem mundial e sua longa história de oposição ao imperialismo. O que é pior, como Abu Ghraib e Guantánamo podem mostrar, minaram e comprometeram seu próprio respeito para com as regras e as leis.

A história, por contextualizar e exemplificar, nos ajuda quando se faz necessário pensar sobre o mundo presente e a formular perguntas, pois sem boas perguntas é difícil começar a pensar com coerência. O conhecimento da história sugere o tipo de informação necessária para responder às perguntas. A experiência nos ensina como obter as informações. Ao olhar para o passado, os historiadores aprendem como se comportar, mais ou menos como o juiz investigador do sistema judicial francês. O que aconteceu e como?, pergunta o historiador. A história exige que tratemos as evidências com seriedade, ainda mais quando contradizem as suposições que tínhamos. As testemunhas estão dizendo a verdade? Como confrontamos duas versões do mesmo fato? Fizemos as perguntas certas ou apenas uma? Os historiadores vão mais adiante e perguntam o que um evento específico, um pensamento ou uma atitude do passado significam. Qual é a sua importância? As respostas irão depender, em parte, do que perguntamos no presente e do que consideramos importante. A história nem sempre produz respostas definitivas. Ela é um processo.

A história pode nos ajudar a fazer com que um mundo complicado tenha sentido, mas também nos adverte dos perigos de assumir que há somente uma maneira de olhar para as coisas ou apenas um modo de agir. Devemos estar sempre preparados para considerar alternativas e levantar objeções. Não devemos nos impressionar quando nossos líderes afirmam que "A história nos ensina" ou que "A história mostrará que estávamos certos". Eles podem estar simplificando demais ou então forçando comparações inexatas, assim como qualquer um de nós. Mesmo os mais inteligentes e poderosos seguem confiantes pelo caminho errado. Também vale a pena nos lembrarmos de que os que estão em posição de autoridade nem sempre sabem mais.

Como a história depende de uma atitude cética, seja em relação às evidências ou às explicações completas, ela também pode propor um caminho para questionar nossos líderes. Eles nem sempre têm razão; em geral o que acontece é o oposto. Em 1839, o vice-almirante George Tryon, comandante da Marinha britânica no Mediterrâneo, decidiu assumir pessoalmente o comando das manobras navais de verão. Ao ordenar uma meia-volta de duas colunas paralelas de navios, seus oficiais tentaram alertá-lo sobre a possibilidade de colisão. Um simples cálculo demonstrava que a combinação dos dois círculos que os navios iriam fazer era maior do que a distância entre eles. Enquanto seu oficiais observavam, horrorizados, seu navio, o *Victoria*, foi abalroado pelo *Camperdown*. Tryon se recusou a acreditar que o dano causado fosse sério e ordenou que os navios próximos não enviassem botes salva-vidas. O *Victoria* afundou, levando ele e mais 357 marinheiros. A Carga da Brigada Ligeira, nata da cavalaria britânica, que avançou direto para as bocas dos canhões russos, é outra lembrança da estupidez humana, e não apenas de lorde Cardigan, que a comandou, mas de todo o sistema que permitiu que ele estivesse no comando. Como disse o jornalista americano David Halberstam na última peça que escreveu: "Esta é uma história do passado que lemos e relemos, que mostra que os tempos mais perigosos para qualquer nação podem ser os momentos em que as coisas estão indo extraordinariamente bem, pois é nesses momentos que seus líderes são levados pelo excesso de confiança e por uma sensação de direito adquirido mascarado de integridade."

A humildade é uma das lições mais úteis que o passado pode fornecer ao presente. Como coloca o famoso literato inglês John Carey: "Uma das tarefas mais importantes da história é a de nos mostrar de modo intenso, honesto e doloroso como as gerações anteriores aspiravam a objetivos que hoje em dia consideramos errados e deploráveis." A escravidão teve seus defensores. Pense nas discussões sobre a posição relativa entre a Terra e o Sol, na certeza, aparentemente sustentada pela ciência, que os vitorianos tinham quanto à existência de raças superiores e inferiores, ou na descontraída suposição, há apenas algumas décadas, de que as mulheres e os negros não podiam se tornar bons médicos ou engenheiros.

208 USOS E ABUSOS DA HISTÓRIA

A história também incentiva as pessoas no presente a refletirem sobre si próprias. "O passado é um país estrangeiro: lá fazem coisas de uma maneira diferente", escreveu uma vez o romancista inglês L.P. Hartley. Saber que a civilização chinesa clássica dava aos intelectuais um valor mais alto do que aos soldados ou que a família romana era diferente da família ocidental moderna indica outros valores e outras maneiras de organizar a sociedade. Isso não significa dizer que todos os valores são relativos; ao contrário, devemos estar preparados para examinar os nossos próprios valores, e não apenas considerá-los os melhores. O historiador inglês John Arnold coloca de modo elegante: "Visitar o passado é como visitar um país estrangeiro: lá eles tornam algumas coisas da mesma maneira e outras de maneiras diferentes, mas acima de tudo nos tornam mais conscientes daquilo que chamamos de nossa casa."

Se o estudo da história não faz outra coisa senão nos ensinar a humildade, o ceticismo e a consciência de nós mesmos, então já fez algo de útil. Devemos continuar examinando nossas próprias suposições e as dos outros e perguntando onde estão as provas. Ou se há outras explicações. Devemos ser cuidadosos com grandes afirmações em nome da história ou daqueles que dizem ter descoberto a verdade definitiva. Por fim, meu único conselho é: use-a, tire proveito dela, mas trate a história sempre com muito cuidado.

AGRADECIMENTOS

Este livro é o resultado de um convite que recebi do Departamento de História da University of Western Ontario para fazer as Palestras Joanne Goodman no verão de 2007. A série, batizada em homenagem a uma estudante de história que morreu tragicamente num desastre de automóvel, começou em 1966 e teve muitos palestrantes ilustres. Foi uma honra ter estado entre eles e uma oportunidade maravilhosa refletir sobre um assunto de minha livre escolha. Sou muito agradecida aos professores e alunos da universidade que assistiram às minhas palestras e me ajudaram a refinar o pensamento com suas perguntas e comentários.

Tive a imensa sorte de ter encontrado um pesquisador assistente excepcional na pessoa de Jonathan Weier, que ao final mostrou-se muito mais do que um colaborador. Agradeço também, como sempre, àqueles amigos e familiares que discutiram minhas ideias comigo e que leram com paciência meus apontamentos. São muitos, mas quero fazer menção especial aos meus irmãos Tom e David; à minha irmã Ann; ao meu cunhado Peter Snow; e a meus sobrinhos Dan e Alex; assim como à minha agente

Caroline Dawnay e seu parceiro canadense Michael Levine. Elued, minha mãe, foi como sempre uma crítica e revisora excelente. Bob Bothwell me ensinou tanto sobre história e durante tantos anos que fica difícil encontrar uma maneira adequada de lhe fazer um agradecimento. E, mais uma vez, foi ele quem, com carinho, teve a gentileza de ler meus manuscritos e me aconselhar. Foi também muito proveitoso ter estado na Universidade de Oxford e conversado com muitos de meus novos colegas que estão inrteressados nos modos pelos quais a história é usada. Devo agradecer em especial a Anne Deighton, Rosemary Foot, Yuen Foong Jhong, Kalypso Nicholaïdis e Avi Shlaim, e também aos estudantes em St. Anthony, que tiveram a paciência de me ouvir e me deram muitas informações valiosas. Finalmente, mas não menos importante, a Andrew Franklin e Ruth Killick, da Profile Books, que tornou este livro uma realidade possível. Muito obrigada.

Leituras Complementares

Há uma lista crescente de livros sobre usos e abusos tanto da história quanto da memória. A seguir, alguns trabalhos que considero muito úteis:

Abu El-Haj, Nadia. *Facts on the Ground: Archaeological Practice and Territorial Self-Fashioning in Israeli Society.* Chicago: University of Chicago Press, 2002.

Appleby, R. Scott. "History in the Fundamentalist Imagination". *Journal of American History* 89, n. 2, 2002.

Arnold, John H. *History: A Very Short Introduction.* Oxford: Oxford University Press, 2000.

Bacevich, Andrew J. "The Real World War IV". *Wilson Quarterly* 29, n. 1 (Inverno de 2005).

Bell, Duncan (org.) *Memory, Trauma, and World Polities: Reflections on the Relationship Between Past and Present.* Basingstoke, Reino Unido: Palgrave Macmillan, 2006.

Black, Jeremy. *The Curse of History.* Londres: Social Affairs Unit, 2008.

Brundage, W Fitzhugh. *The Southern Past.* Cambridge, Mass.: Harvard University Press, 2005.

Cannadine, David (org.) *What Is History Now?* Basingstoke, Reino Unido: Palgrave Macmillan, 2002.

212   USOS E ABUSOS DA HISTÓRIA

Carr, E. H. *What Is History?* Londres: Macmillan, 1961.

Collingwood, R. G. *The Idea of History*. Ed. revisada. Oxford: Oxford University Press, 1994.

Delisle, Esther. *Myths, Memory, and Lies: Quebec's Intelligentsia and the Fascist Temptation, 1939-1960*. Westmount, QC.: Robert Davies, 1998.

Evans, Richard. *In Defence of History*. Londres: Granta, 2000.

Fischer, David Hackett. *Historians' Falacies: Toward a Logic of Historical Thought*. Nova York: Harper and Row, 1970.

Gardner, Lloyd C. e Marilyn B. Young. *Iraq and the Lessons of Vietnã; or, How Not to Learn from the Past*. Nova York: New Press, 2007.

Geary, Patrick J. *The Myth of Nations: The Medieval Origins of Europe*. Princeton, NJ.: Princeton University Press, 2002.

Gillis, John R. (org.) *Commemorations: The Politics of National Identity*. Princeton, NJ.: Princeton University Press, 1994.

Halberstam, David. "The History Boys". *Vanity Fair*, agosto de 2007.

History & Memory (Journal).

Hobsbawm, Eric e Terence Ranger. *The Invention of Tradition*. Cambridge, Reino Unido: Cambridge University Press, 1983.

Howard, Michael. *Captain Professor: The Memoirs of Sir Michael Howard*. Londres: Continuum, 2006.

———. "The Use and Abuse of Military History." *RUSI Journal* 107 (Feb. 1962).

Judah, Tim. *The Serbs: History, Myth, and the Destruction of Yugoslavia*. New Haven, Conn.: Yale

Karlsson, Klas-Göran e Ulf Zander (orgs.) *Echoes of The Holocaust: Historical Cultures in Contemporary Europe*. Lund, Suécia: Nordic Academic Press, 2003.

Khong, Yuen Foong. *Analogies at War: Korea, Munich, Dien Blen Phu, and the Vietnã Decisions of 1965*. Princeton, NJ.: Princeton University Press, 1992.

Lebow, Richard Ned, Wulf Kansteiner e Claudio Fogu (orgs.) *The Politics of Memory in Postwar Europe*. Durham, NC: Duke University Press, 2006

Linenthal, Edward T. e Tom Engelhardt. *History Wars: The Enola Gay and Other Battles for the American Past*. Nova York: Henry Holt, 1996 .

LEITURAS COMPLEMENTARES 213

Lowenthal, David. *The Heritage Crusade and the Spoils of History*. Cambridge, Reino Unido: Cambridge University Press, 1998.

May, Ernest R. *"Lessons" of the Past. The Use and Misuse of History in American Foreign Policy*. Nova York: Oxford University Press, 1973.

Murray, Williamson e Richard Hart Sinnreich. *The Past as Prologue: The Importance of History to the Military Profession*. Cambridge, Reino Unido: Cambridge University Press, 2006.

Neustadt, Richard E. e Ernest R. May. *Thinking in Time: The Uses of History for Decision Makers*. Nova York: Free Press, 1986.

Nobles, Melissa. *The Politics of Official Apologies*. Nova York: Cambridge University Press, 2008.

Novick, Peter. *The Holocaust in American Life*. Boston: Houghton Mifflin, 2000.

Pappé, Ilan. *The Ethnic Cleansing of Palestine*. Londres: Oneworld, 2006.

Record, Jeffrey. "The Use and Abuse of History: Munich, Vietnã, and Iraq". *Survival* 49, n. 1 (primavera de 2007).

Winter, Jay *Remembering War: The Great War Between Memory and History in the Twentieth Century*. New Haven, Conn.: Vale University Press, 2006.

Winter, Jay, e Antoine Prost. *The Great War in History: Debates and Controversies, 1914 to the Present*. Cambridge, Reino Unido: Cambridge University Press, 2005.

Yoshida, Takashi. *The Making of the "Rape of Nanking": History and Memory in Japan, China, and the United States*. Nova York: Oxford University Press, 2006.

ÍNDICE REMISSIVO

Abissínia (mais tarde Etiópia), 196
Abu El-Haj, Nadia, 137
Facts on the Ground, 135-6
Abu Ghraib, prisão de, Iraque, 205
abusos dos direitos humanos, 122
Academia de Ciências Sérvia, 112
Acheson, Dean, 63
Adenauer, Konrad, 165
Adolescentes, 74
Adwan, Sami, 169
Afeganistão, 187
  campanha canadense, 89, 155
  mostrando-se capaz de ser conquistado, 179
  preparação americana para a guerra, 204
África
  americanos descendentes de escravos e decodificação do DNA, 20
  pequenas guerra na, 187

African American Lives (Programa de televisão da PBS), 20
África do Norte, colônias francesas na, 161
África do Sul
  apartheid, 41-2, 135, 152
  ensino de história, 152
Akbar, imperador mongol, 100
Al Qaeda, 160, 204
Albânia, albaneses, 84, 112, 133, 196
Alemanha Ocidental
  bicentenário da morte de Frederico, o Grande, 159
  Confrontação com seu passado nazista, 164-5
  forçado a lembrar do passado recente, 164
  indenização para Israel, 165
Alemanha Oriental
  evita seu passado nazista, 165
  oposição ao Fascismo, 165

216 USOS E ABUSOS DA HISTÓRIA

Alemanha
abandona a Liga das Nações, 181
acontecendo pela via do nacionalismo, 105
campanha de bombardeio dos Aliados, 58-63, 155-7
conflitos com os franceses, 22
confronto com o passado nazista, 165
derrota na Primeira Guerra Mundial, 125, 130
desafia o império britânico pela hegemonia, 25
desaparecimento da monarquia, 125
e o Tratado de Versalhes, 124-8
indenizações, 53, 125, 126
indenizações a famílias judias, 40
"inimigos estrangeiros" alemães na Inglaterra, 45
invasão da Polônia (1939), 195
lembranças dos sobreviventes de campos de concentração, 164
lendas populares, 107
livros escolares em conjunto com a França (2006), 169
luta em duas frentes na Primeira Guerra Mundial, 188-89
memoriais e museus de campos de concentração, 165
ministério do Exterior, 126
nascimento da nova Alemanha, 129
nazismo, 31, 44
ocupação no final da Segunda Guerra Mundial, 180, 191-91
origens da nação alemã, 107
preocupações do pós-guerra com a sobrevivência e a reconstrução, 165

problemas financeiros dos anos 1920, 53
silêncio sobre o passado, 164
uma nação Alemã orgânica, 29
Alexandre, o Grande, 179
Alexandria, 96
alfabetização, 107
Alsácia, 129
America, Richard, 47
América Central, pequenas guerras na, 187
American Enterprise Institute, 190
americanos natives, 94, 158
Anderson, Benedict, 74, 105
Anschluss (1938), 166, 189, 194
Antissemitismo, 92
apartheid, 41, 135
Arábia Saudita: permite tropas dos Estados Unidos na Terra Santa, 88
Arandora Star, afundamento do (1940), 45
arianos
e a civilização dos harappan, 98
e os nacionalistas hindus, 98
entrada dos arianos na Índia, 98, 101
Armada espanhola (1588), 109
Armênia, armênios, 24, 124, 149
Arnold, John, 208
arquivos nacionais, 19
arrependimento por erros passados, 40
Artur, rei, 144
Ashe, Arthur, 78
Ásia
as afirmações de liderança da China, 123
novas potências econômicas, 22
Associação da Força Aérea Americana 154

ÍNDICE   217

Atatürk, Kemal, 85, 88
Atenas, 97
ativistas surdos, 82, 83
Augusto César, imperador, 15
Aussaresses, general Paul, 160
Austerlitz, Batalha de (1805), 160
Austrália
  comunidades aborígenes, 45-6, 143
  exploradores e empreendedores, 152
  Geração Roubada de crianças aborígenes, 45, 46, 143
  história controversa da chegada dos primeiros brancos, 168
  Howard tenta promover um currículo nacional de história, 168
  internatos, 44
  Museu Nacional, 152
Áustria, 196
  a amnésia sobre seu passado nazista, 166
  Anschluss (1938), 166, 189, 194
Áustria-Hungria, 44, 105, 108, 130
  Autodeterminação, 129, 130
  descreve-se com a primeira vítima do nazismo, 166
  e a destruição dos judeus, 166
  "eixo do mal", 193
  império austríaco, 119
  "inimigos estrangeiros" austríacos na Inglaterra, 45
  mesquita de Ayodhya, norte da Índia, 97
  participação na destruição dos judeus, 166
  questões sobre o papel da Áustria (nos anos 1960), 167
  regimes autoritários, 90

automóvel Edsel, 184
Autoridade Israelense de Achados Arqueológicos, 136
Autoridade Nacional Palestina, 136

Babcock, John, 33
baby boom, 55
Baker, Kenneth, 144
Bálcãs, os, 24, 113, 130, 178
Ball, George, 198, 199
Banato, 132
Banco Mundial, 181
Bancos Suíços: auferiram lucros com os bens confiscados dos judeus, 40
Barbie, Klaus ("o açougueiro de Lyon"), 161
Barnard College, Nova York, 138
barreiras econômicas, 25
Batalha de Gettysburg (1863), 109
Battle of Algiers, The (filme), 185
Ben-Gurion, David, 133, 138
Ben-Yair, Elazar, 68
Berlim
  Igreja Monumento do Kaiser Wilhelm, 165
  Memorial do Holocausto, 165
  Memorial Nacional para as Vítimas da Guerra e da Tirania, 165
Bernanke, Benjamin S., 182
Berthier, Ferdinand, 83
Beyond the Fringe (revista satírica): "O pós-mito da guerra", artigo, 60
bicentenário da Revolução Francesa(1989), 17, 159
Bielorússia, 131

218 USOS E ABUSOS DA HISTÓRIA

Billy the Kid, 76
Bin Laden, Osama, 87, 201
Blair, Tony, 42, 178, 191, 200
Boadiceia (Boudica), 144
bolcheviques, 39
bolha ponto-com (1990), 191
Bombaim, 128
Bósnia, 24
Bourbons, 21
Brandt, Willy, 169
Brook, sir Norman, 58
Brown University, Providence, Rhode
    Island, 47
Brown, Gordon, 145
Brzezinski, Zbigniew, 183
Buchanan, Pat, 155
búlgaros, 131
Bullitt, William, 52
Bundy, William, 197
Burns, Ken: documentários, 16
Buruma, Ian, 193
Bush, George H. W., 87, 146, 192,
    200
Bush, George W., 75, 147
  baixa cotação, 35
  decreto "Preserve a América" (2003),
    18
  e a guerra da Argélia, 185-6, 198
  e as ocupações da Alemanha e do
    Japão, 190
  e Churchill, 31
  e Truman, 35, 36-7
  guerra contra o terror, 89
  questão das armas de destruição em
    massa, 200-201
  uso fora de hora da palavra "cruza-
    da", 177
Butler, Sir James, 58

Califado, 86, 88
Câmara (Estados Unidos), 120
Câmara dos Comuns do Canadá
  e a série *The Valour and the Horror*,
    156
  e funerais do último veterano cana-
    dense, 33
Camperdown (navio), 207
Canadá
  condições das reservas, 48
  Conquista de Quebec (1759), 10
  disputas de terras pelos nativos, 133
  disputas em torno feriados , 158
  internatos, 47
  Museu de Guerra de Ottawa, 155-
    58
  nacionalistas franco-canadenses, 10
  "patrimônio", 16
  percepção como uma força benevo-
    lente no mundo, 179
  plano terrorista de Toronto, 142
  presos, 44
  Suprema Corte, 156
  taxa per capta de imigrantes chine-
    ses , 42-3
  terras dos nativos, 127
  veteranos da Primeira Guerra Mun-
    dial, 33
Canadian Broadcasting Corporation,
    156
Canal de Suez, 196
Cananeus, 136
Canterbury, Arcebispo de, 109
Capitalismo, 54, 165, 174, 176
capitalismo liberal, 22
Cardigan, lorde, 207

ÍNDICE 219

Carey, John , 207
Carga da Brigada Ligeira (1854), 207
Carlos Magno, 191
Cartago, 180
Carter, Jimmy, 176, 183, 195
Casamento, 128
Castelo de Caernarfon, 110
Castro, Fidel, 63
Catherine de Bragança , 128
catolicismo , 107, 119
causalidade, 55
Cavaleiros Teutônicos, 86
Celil, Huseyin, 122
Centro Cultural Negro, Nova Escócia, 81
César, Júlio, 191
Chadderton, Cliff, 158
Châlons-sur-Marne, França , 17
Chamberlain, Neville, 194, 197
Charles II, rei, 128
Charles, SAR O Príncipe de Gales, 128
Chávez, Hugo, 159
Cheney, Dick, 147
Cheney, Lynne, 147
Chile, 168
China
  afirma sua liderança na Ásia, 123
  ataques a negócios japoneses, 123
  como fuga do presente, 30
  comunismo, 21, 31, 191
  desafia os Estados Unidos, 25
  e os guerreiros hindus, 99
  e Taiwan, 132
  educação patriótica, 90, 123
  expandindo relações com os Estados Unidos, 192
  Grande Muralha, 90

história como ciclo dinástico, 30
história reescrita na, 38
imperador Qin (Qin Shi Huang), 32, 39
influência da cultura japonesa, 94
iniciativa de Nixon, a, 37-8, 89
intelectuais mais valorizados do que soldados na civilização chinesa clássica, 208
invasão e ocupação do Tibete, 132
invasão japonesa da (1937), 91, 167
museus dedicados às atrocidades japonesas na Segunda Guerra Mundial, 16, 152
novos livros escolares, 150-151
relações com o Japão, 123
repetidas referências dos líderes ao passado, 191
Século de Humilhação, 91, 121
separação sino-soviética, 175
triunfo do comunismo (1949), 121, 175
Chineses canadenses, 42-3
Chirac, Jacques, 32, 162
Church, Senador Frank, 183
Churchill, Sir Winston, 31, 32, 57, 61, 113, 130, 176, 195
Ciampi, Carlo Azeglio, 34
Cidadania, 128
Ciganos, 166
Ciro o Grande, rei da Pérsia, 32
civilização grega, 84, 97
civilização harappan, 98
Civilização Romana, 96
Clark, Mark, 180
classificação de línguas, 107
Clinton, Bill, 34, 42, 135, 146, 176

220 USOS E ABUSOS DA HISTÓRIA

Clinton, Hillary, 120
Código Da Vinci, O (Brown), 97
Colinas de Golã, 134
College of Arms, Londres, 19
Collingwood, R. G., 60
Colombo, Cristóvão, 158
Colonialismo, 91, 133, 160, 168, 179
Comissão da Verdade e Reconciliação
    África do Sul, 41, 168
    Canadá, 48
    Chile, 168
Comissão para a Igualdade de Oportunidades e Direitos Humanos (Austrália), 45
Comitê de Relações Exteriores do Senado, 183
Comitê Olímpico Internacional, 122
compra da Louisiana (1803), 128
comunismo, 105, 174
    chinês, 21, 122, 175
    e a Coreia, 197
    e a história "científica", 29
    soviético, 21, 22, 38
conceito do Ano Zero, 38
conciliação, 193-6, 197
Conferência de Genebra (1954), 121
Conferência de Munique (1938), 194
Conferência de Paz de Paris (1919), 24, 128, 130-2, 133
Congresso de Viena (1814-15), 128
Congresso dos Estados Unidos, 148, 154
Congresso Nacional Africano, 41
Conselho de Segurança, 123
Conselho de Pesquisa Histórica, Delhi, 99

Conselho Nacional das Associações de Veteranos no Canadá, 158
Conselho Nacional de Igrejas, 159
Conselho Nacional de Padrões de Históricos, 147
conservadores: fugindo do presente, 30
contos morais, 142
contrainsurgência, 187
Coreia
    influência da cultura japonesa, 94
    prostituição forçada pelos japoneses, 167
Coreia do Norte, 193, 196-7
Cornualha, ducado da, 128
Coroações, 109
crise das hipotecas, 184
Crise de Suez (1956), 60, 196
crise econômica (2008), 182, 183, 191
cristianismo, cristãos
    conflitos com muçulmanos, 22
    e os sérvios, 119
    na Índia, 99
Croácia, 112-3, 119
Croatas, 112
    conflitos com os sérvios , 22, 112
    história dos, 91
    visão de seu passado, 119
Cromwell, Oliver, 164
Cruzadas, 42, 86, 88, 177
Cuba
    crise de 1979, 183
    crise dos mísseis (1962), 22, 175, 183
Curdos, 115, 124

Dalai Lama, 122, 132
Dario, o Grande, rei da Pérsia, 32

ÍNDICE 221

Davi, rei, 137
de Klerk, Frederik Willem, 41
Decodificação do DNA, 20
Delisle, Esther, 92
Democracia, 128, 164, 176
democracia liberal, 23
democratas (EUA), 37, 199
Deng Xiaoping, 121
Departamento do Patrimônio Canadense, 16
desculpas
  desculpas aos povos nativos, 40, 42, 46
  desculpas por crimes de guerra40, 44, 47
  desculpas por políticas implementadas por antecessores, 41, 42-3, 44-47
desembarques de Gallipoli (1915), 31
Dia da Unidade Nacional (Rússia), 163
Dia de Ação de Graças (Estados Unidos), 145
Dia de Colombo (Estados Unidos), 158
Dia do Acordo e da Reconciliação (Rússia), 162
Dia do Canadá (anteriormente Dia do Domínio), 158
Dia Nacional do Arrependimento (Austrália), 45-6
Dilke, sir Charles, 29
dinastia Qing, 132
Dinur, Ben-Zion, 114, 134
Diop, Cheikh Anta, 97
Direita, a, 192, 199
dirigentes de empresas, falta de confiança nos, 34

ditadores
  esforços para garantir sua própria imortalidade, 39
  tentativa de reescrever a história, 38
divisão de Dien Bien Phu, Vietnã, 198
Divisão de Engenharia do Exército, 95
Dobrynin, Anatoly, 184
Dolci, Danilo, 107
Dole, senador Bob, 148
Dominion Day (rebatizado de Canada Day), 158
Dominion Institute, Canadá, 33, 34, 143
Dmowski, Roman, 131
Doniger, professora Wendy, 101
Dulles, John Foster, 121, 195
Duncan Smith, Iain, 33
Dunquerque, batalha de (1940), 109
Dusan, príncipe, 111

"ecocídio", 159
Eden, sir Anthony (mais tarde primeiro conde de Avon), 195
Editora da Universidade de Oxford, 101, 102
Edward VIII, rei (como príncipe de Gales), 110
Egito, 135, 137
  Antigo , 96
Eichmann, Adolf: julgamento em Jerusalém (1961), 165
Einstein, Albert, 147
Eisenhower, Dwight, 194, 199
Elizabeth I, rainha, 16, 109
Elizabeth II, rainha: desculpas aos Maori da Nova Zelândia, 40

222 USOS E ABUSOS DA HISTÓRIA

Enola Gay (bombardeiro B-29), 153
Escócia: reservas de petróleo, 10
Escola de Medicina de Harvard, 64
Escravidão, 47-8, 122, 159
  defensores da, 207
  descendentes de escravos africanos e
    DNA, 20
  desculpas de Clinton, 42
  discriminação e violência depois da
    emancipação, 10
  e a comemoração do holocausto, 80
  e as celebrações do aniversário de
    Jamestown (1957), 77
  e Garvey, 96
  minimizada nos livros, 77
  questão compensatória, 46-7
  relação entre escravos e senhores de
    escravos, 79
eslavos, 108, 119, 131
eslovenos, 119
Espanha
  Lei da Memória Histórica (2007),
    163
  Trauma da Guerra Civil e repressão,
    163
esquerdistas: fugindo do presente, 30
Estados Unidos
  a crise de Cuba de 1979, 183
  apoio de Israel, 135
  assimilação de novos imigrantes, 149
  associações patrióticas, 145
  atitude em relação à União Soviéti-
    ca na Guerra Fria, 174
  atual situação dos negros, 46-7
  bicentenário, 81
  capitalismo, 22, 54

Casa Branca, 177
Constituição, 148
desafia o Império Britânico pela
  hegemonia, 25
desafios da China, Índia e Rússia, 25
descendentes de escravos e decodificação do DNA, 20
desculpas/compensação pela escravidão, 46-7
e a derrota de Hitler, 200
e a União Soviética, 36
e Vietnã, 31, 150, 163, 176-77, 179,
  197-99
ensino da história nos, 145-50
expandindo relações com a China,
  192
falha na tentativa de entrar na Liga
  das Nações, 181
Guerra Civil Americana (1861-5),
  10
Guerra do Golfo, 192
história da escravidão dos negros,
  discriminação e violência, 10
judeus americanos, 67
linchamento nos, 78
mito do Oeste Americano, 76
neoconservadores nos, 148, 153,
  193
o Sul, 76-79
prejudicado por seu envolvimento
  com o Iraque, 25
prisioneiros de guerra, 45
Reconstrução (1863-77), 10, 76
relutância em vender para a China
  tecnologia avançada, 121
ressentimento da elite sulista para
  com os ianques, 10

ÍNDICE 223

se vê como pacificador, 179-180
valores familiares, 148-9
venda de armas para Taiwan, 121
estudos culturais, 54
estupros de Nanquim (1937-8), 123, 154, 167, 168
etnografia, 130
Exército alemão e a Sérvia (Segunda Guerra Mundial), 179
Exército do Canadá: tropas no Afeganistão, 89
Exército francês, 160, 186
Exército Sérvio, 179

Faisal, rei da Arábia Saudita, 190
Faixa de Gaza, 134, 135, 136
Fallaci, Oriana, 76
falta de confiança nos políticos, 34
fascismo, 25, 31, 85-6, 92, 105, 165
fatwa, 101
Federal Reserve, 182
Feira Mundial de Chicago (1893), 18
Feministas, 80
Festival das Tribos do Planeta, desfile do (Paris 1989), 160
Feuerstein, Wolfgang, 115
Figl, Leopold, 166
Filion, Gérard, 92
Fischer, David Hackett, 75
fome irlandesa por batatas, 42
Força Aérea Real, 58
  Comando Bombardeio, 155, 156
Ford, Gerald, 81
Ford, Henry, 10
Foreign Policy, 182
Fraga, Manuel, 164

França
  admissão de Chirac, 162
  Ano do Patrimônio (1980), 17
  Assembleia Nacional, 161
  cai em poder dos nazistas (1940), 57, 189
  conflitos com os alemães, 22
  e a Conferência de Munique (1938), 194
  e a Guerra do Vietnã, 198
  e o significado da Revolução Francesa, 159-160
  governo de Vichy, 92, 161-62
  guerra Franco-Prussiana (1870-71), 129
  imigrantes muçulmanos, 142
  livros escolares de história em conjunto com a Alemanha (2006), 169
  ministério da Cultura, 17
  reivindica a Renânia, 106
  revisitando o passado, 17
  veteranos da Primeira Guerra Mundial, 32
franceses libertos, 161
Francisco José, imperador da Áustria, 44
Franco, general Francisco, 163-64
Frank, Anne: *O diário de Anne Frank*, 164
Frankland, Noble, 58-9, 60
Frederico I Barba-Roxa, imperador de Roma, 86
Frederico, o Grande, rei da Prússia, 86
  bicentenário de sua morte, 159
Freezing Point (jornal), 151
Freud, Sigmund, 52, 65

224   USOS E ABUSOS DA HISTÓRIA

Friends Reunited, 19
Frum, David, 193
Fukuyama, Francis, 23
Fundo Monetário Internacional, 181

Gabinete da Guerra (Grã-Bretanha), 57
Gaddis, John Lewis, 141
Galileu Galilei, 15
Galula, Davis: *Counterinsurgency Warfare*, 188
Gâmbia, 42
Garašanin, Ilija, 112
Garvey, Marcus: *Who and What is a Negro?* 96
Gaulle, general Charles de, 161
Gays
  ativistas gays, 80
  história dos gays, 80
  movimento pelos direitos dos gays, 55
  opressão e vitimização de, 80
Gaza, 120, 134
Geist (espírito infinito), 29
Genealogia, 18-21
Genghis Khan, 21, 179
Genocídio, 152, 159
"genocídio cultural", 47-8
Georgetown University , 47
Geórgia, 24
"Gerações Roubadas" (Austrália), 45, 46, 143
Gibbon, Edward, 173
Glasnost, 170
Glenny, Misha, 24
Globalização, 73
Godos, 108

Golwalkar, Madhav, 98
Gorbachev, Mikhail, 170
Gorton, senador Slade, 148
Gow, Andrew Colin, 51
Grã-Bretanha
  e a Conferencia de Munique (1938), 194
  e a crise de Suez, 196
  educação em história, 144
  histórias oficiais da Segunda Guerra Mundial, 57-8
  imperialismo, 29-30
  perdão póstumo a soldados executados por covardia (Primeira Guerra mundial), 43
  prisão de cidadãos alemães, 44
Grande Depressão, 53, 182
Grande Muralha da China, 90
grandes padrões, 30
Grey, Zane, 75
Griffiths, Rudyard, 34
Groulx, abade Lionel, 92
grupos, 74, 80
grupos étnicos, 21
Guantánamo, Cuba, 205
Guardas Vermelhos, 38, 90
Guerra Civil Americana (1861-65), 10, 76-78, 145-6, 186
Guerra Civil Russa (1917-21), 175
guerra contra o terror, 89
Guerra da Coreia (1950-53), 31, 36, 196-8
guerra de guerrilha, 187
Guerra de Yom Kippur (1973), 67
Guerra do Golfo (1991), 87, 192
Guerra do Pacífico, 167

ÍNDICE 225

Guerra do Vietnã (1959-75), 31, 150, 163, 176, 179, 187, 197-99, 203, 204
Guerra dos Boers (1899-1901), 87, 162-3
Guerra dos Seis Dias (1967), 67
Guerra Franco-Argelina (1954-62), 160, 185-6, 198
Guerra Franco-Prussiana (1870-71), 129
Guerra Fria, 22, 23, 25, 36, 37, 63, 150, 165, 174, 19 2, 193, 195
Guerra Greco-Turca (1919-22), 84-5
guerra nuclear, ameaça de, 22
Guerra Russo-japonesa (1904-5), 186
Guerras do Ópio, 91, 121
Guerras do Peloponeso, 185
Guerras Napoleônicas (1803-15), 128
Gueto de Varsóvia, 169
Gulag, o, 163, 170
Gulf Institute, 39
Gunsmoke (série de televisão), 76
Gush Emunim, 135

Haaretz, Jornal, 137
Habsburgo, 44
Halberstam, David, 207
Halbwach, Maurice, 67
Hamas, 195
Hammes, T. X., 187
  The Sling and the Stone: On War in the 21st Century, 187
Harper, Stephen, 88
Harris, sir Arthur "Bomber", 155-56
Hartley, L. P., 208
Hawkins, sir John, 42

Hegel, Georg Wilhelm Friedrich, 29
Hello!, Revista, 34
Herder, Johann Gottfried, 29
heróis
  falta de, 31-32
  mortes de, 31
Herzog, Ze'ev, 137
hindus
  casta inferior, 99
  casta superior, 99, 100
Hindutva , 97, 100, 101
Hiroshima, bombardeio de, 1553, 154, 167
Hispânicos, 149
História "científica", 29
história afro-americana, 77, 81
história de Massada, 67-68
história dos surdos, 82
história
  a lixeira da (Trótski), 22
  "científica", 29
  como juiz, 34-5, 37
  dando sentido a um mundo complicado, 206
  dependência de uma atitude cética, 206
  dos judeus, 113-4
  econômica, 55
  entendendo a nós mesmos e aos outros, 10, 173-79
  escolhendo esquecer, 141, 161
  falsa ou de um único ponto de vista, 11, 54, 95-102
  fim da (Fukuyama), 23
  fim da (Marx), 85-6
  gays e lésbicas, 55
  generalizações descuidadas evitadas pelo conhecimento da, 179

226 USOS E ABUSOS DA HISTÓRIA

gênero, 55
global, 55
má, 52, 53
oral, 94, 133
"patriótica", 145
pode ser útil e também ameaçadora, 11
poder da, 21, 22, 37
política, 54, 55
social, 55
supressão de evidências, 92-5
tratando com cuidado as analogias da história, 192
tratando com seriedade as evidências, 206
usada para rotular ou diminuir os adversários, 119-123
útil para o autoconhecimento, 179
validação, 11, 73
historiadores
amadores, 51, 52
cristãos, 55
estudo histórico autorreferente, 51
liberais, 153
linguagem, 51
papel adequado para, 56
profissionais, 51, 54, 55-56, 143
trabalho contestando crenças e mitos do passado, 61-2
histórias de regimentos, 74
histórias orais, 95, 133
Historica Foundation, 143
Historica Minutes (Historica), 16
Hitler, Adolf, 40, 53, 196
acordo secreto com a União Soviética, 170

assassinato de judeus, 40
assume o controle da Alemanha, 54
cancela o fardo das indenizações, 53
derrota de, 200
distorção e uso equivocado da história, 127
e a Áustria, 166
e a conciliação, 194
e Saddam Hussein, 191
elevação da nação, 108
Mein Kampf, 86
objetivo do avanço para o leste, 188
profunda cumplicidade Alemã, 165
punhalada pelas costas e temas de paz injusta, 126
Hobsbawm, Eric, 109
Holocaust (série americana de televisão), 165
Holocausto, 48, 67, 80, 122
admissão de Chirac, 162
Memorial em Berlim, 165
Museus, 16
Yad Vashem de Israel comemora o Holocausto, 114
honras militares, 74
Horne, Alistair: *A Savage War of Peace*, 185-6
Howard, John, 46, 143, 152, 168
Howard, Michael, 56, 95, 174
Hull, Cordell, 64, 181
Húngaros, 133
Huntington, Samuel: *Who Are We?*, 149
Hussein, Saddam, 23, 32, 129, 178, 191, 192, 200

ÍNDICE 227

Idade Média, 54, 55, 107, 108, 132
Identidade, 73-4, 79
  Americana, 149
Igreja Anglicana, 80
Igreja Católica, 56, 161
Igreja Ortodoxa Sérvia, 120
Ilha de Man, 45
Ilha de São Pedro, 128
Ilírios, 133
Imperador Amarelo, 90
Imperialismo, 29-30, 89-91, 135, 150
Império Britânico, 25, 144, 158, 200
Império Otomano, 84, 111, 130, 133
Império Romano, 108
Império Russo, 130
Império Sérvio, 111
impérios europeus, desaparecimento
  de, 55
indenizações, 41, 42, 53, 125, 126,
  165
Índia
  civilização harappan, 98-99
  desafia os Estados Unidos, 25
  invasores muçulmanos, 100
  James Laine como alvo, 101-102
  nacionalismo hindu, 97-102
  tentativas de refazer a educação in-
    diana, 99
internacionalismo liberal, 25
internatos (Canadá), 47
Internet, 19, 34
IRA (Exército Republicano Irlandês),
  195
Irã, 195
  Bush se recusa a lidar com, 37
  influência do Oriente Médio, 37

Irã, Xá do (Mohammad Reza Pahlavi),
  32
Iraque, 25
  academia de contrainsurgência no,
    187
  e a Guerra Franco-Argelina, 185-6,
    198
  fracasso militar na preparação para
    atacar o Iraque, 178
  influência iraniana no, 37
  invade o Kuwait (1990), 23, 200
  invasão do, 178, 190, 205
  ocupação do, 31, 190, 205
  petróleo, 178
  preparação americana para a guerra
    no, 204
  vitória americana sobre, 87
Irlanda do Norte, 178, 195
Irlanda
  ampla revisão de sua história, 95
  educação em história, 152
  guerra civil, 152
irmãos Grimm, 107
islã, 100
  fundamentalistas, 36, 196
  guerras, 185
  paralelos entre as guerras do Iraque
    e da Argélia, 185
Israel
  apoio americano, 135
  crise de Suez, 195-6
  declaração de independência, 113
  disputa pela Palestina, 133-8
  e Massada, 68
  fundação de (1948), 88, 113
  indenizações alemãs a, 165

228 USOS E ABUSOS DA HISTÓRIA

Knesset, 114, 194
Militares, 68
profunda hostilidade entre palestinos e israelenses, 10
israelense, 137
israelitas, 137
Itália
e a Conferência de Paz de Paris, 131
enterro do último veterano da Primeira Guerra Mundial, 34
fascista, 31, 44
levada ao desastre por Mussolini, 84
ocupação ao final da segunda Guerra Mundial, 180
surgimento através do nacionalismo, 105
unificação, 83
ítalo-americanos, 159
Iugoslávia, 24, 91, 105, 112, 113, 119, 179
Ivan, o Terrível, 21, 32

Jackson, Stonewall, 78
Jacoby, Susan, 203
Jamestown, Virginia: 350º aniversário da primeira colônia, 77
Japão
atrocidades cometidas pelos soldados japoneses, 167
coloca-se como vítima do nazismo, 167
desafia o império britânico pela hegemonia, 25
desfile comemorativo dos cidadãos (1997), 168

direito nacionalista e escavação dos sítios arqueológicos dos túmulos reais, 93-4
e o Conselho de Segurança da ONU, 123
experiências médicas na Manchúria, 167
forçado a lembrar-se do passado recente, 164
invasão da China (1937), 91, 167
militarista, 31, 44
nacionalistas atacam textos históricos sobre a guerra, 167-68
ocupação americana depois da derrota em 1945, 93
ocupação ao final da Segunda Guerra Mundial, 180, 190-191
rápida modernização, 93
relações com a China, 123
retira-se da Liga das Nações, 181
tomada ilegal das propriedades dos prisioneiros japoneses, 40, 45
Jericó, 137
Jerusalém, 137
julgamento de Eichmann, 165
Museu do Holocausto, 16
Joffe, George, 178
Jogos Olímpicos (2000), 91
Johnson, Lyndon, 197, 199
Jones, Quincy, 20
Jordânia, 135
Jorge IV, rei, 110
Joshi, Murli Manohar, 98-99
Judeia, 135
Judeus
assassinados por Ustasha, 119
censurado por ingratidão devido a críticas a Pétain, 162

ÍNDICE 229

confisco de bens, 40
culpados pelas duas guerras mundiais, 86
deportação para campos de extermínio pela polícia francesa, 161
diáspora, 113
e a Alemanha Oriental, 165
história de Massada, 68
história dos judeus, 114
indenização às famílias judias pelo estado Alemão, 40
"inimigos estrangeiros" internados em campos de concentração, 45
judeus americanos, 67
recriação do estado de Israel, 67, 113
sionistas, 67, 113

Karadžic, Vuk, 111
Kassebaum, Nancy, 155
Kennedy, John F., 61, 63, 183, 197, 199
Why England Slept, 197
Kennewick, homem de, 94
Keynes, John Maynard, 53, 182
Khrushchev, Nikita, 175, 183, 194
Kissinger, Henry, 76, 121, 132
Kohl, Helmut, 169
Kosovo, 67, 113, 133
Kosovo, Batalha do (1389), 111
Kremlin, Moscou, 21, 150
Ku Klux Klan, 147
Kuwait, invasão iraquiana do (1990), 23, 129, 200

Laboratório de Psiquiatria Biológica do Hospital McLean, 64
Ladd, Paddy, 83

Laine, James, 101, 102
Lane, Harlan, 82
Lawrence, T. E., 189
Os sete pilares da sabedoria, 24, 188
Lazar, príncipe, 111
lazos, 115
legado dos surdos britânicos, O, 82
Legion Magazine: "Em guerra com o museu", 157
Lei de Educação do Estado (Israel), 114
Lei de Preservação Histórica Nacional (1966), 18
lei presidencial "Preserve a América" (2003), 18
lei sharia, 86
lembranças recuperadas, 64
Lênin, Vladimir, 39
Leopoldo, rei da Bélgica, 127
Levante da Páscoa (1916), 95
Liddy, G. Gordon, 147
líderes políticos: autocomparação com grandes figuras do passado, 31
Liga das Nações, 106, 181
Limbaugh, Rush, 147
língua grega, 84
língua hebraica, 113, 114
linguagem dos sinais, 84
Linha Maginot, 187
Lituânia, 131
Livros com Pedidos de Desculpa (Austrália), 46
Lloyd George, David, 110
Lodge, Henry Cabot, 199
Longfellow, Henry Wadsworth, 75
Lorena, 129
Los Angeles Times, 148

230 USOS E ABUSOS DA HISTÓRIA

loucura por fofocas, 34-35

Luis XIV, rei da França, 129

MacArthur, general Douglas, 31

Macmillan, Harold (mais tarde 1º Conde de Stickton), 60

MacMillan, Margaret: *Nixon and Mao*, 38, 89-90

Manchúria, 198

experiências médicas, 167

Mandela, Nelson, 41

Mao Tsé-tung, 22, 32, 38, 90, 151, 175, 191, 192, 194

Maomé, profeta: retirando-o da história, 39

Maori da Nova Zelândia: tomada ilegal de suas terras, 40

marcha da morte de Bataan (1942), 154

marginalização, 73

Marine Corps University, Virgínia, 185

Marois, Pauline, 143

Martel, Charles, 109

Marx, Karl, 22, 29

marxismo, 23, 85, 174

massacre de My Lai (1968), 199

materialismo histórico marxista, 151

May, Karl, 75

Mazzini, Giuseppe, 83

McAleese, Mary, 95

McNamara, Robert, 197

In Retrospect, 176

Meca, Arábia Saudita, 39

Meir, Golda, 133, 134

memória

coletiva, 67, 68, 105

lembranças recuperadas, 64

memoriais de guerra, 109, 163

Memorial Day (Estados Unidos), 146

memorial de Vimy Ridge, 88

Mês da História Negra (Canadá), 81-2

Mês da História Negra (Estados Unidos), 81

Metas Nacionais de Educação(Estados Unidos), 146

Mianmar, 122

Miloševic, Slobodan, 24, 112, 120

Ministério da Aeronáutica (Inglês), 58

Ministério da Defesa (Britânico), 178

Ministério das Relações Exteriores (Britânico), 178

Miquelon, ilha de, 128

Mitterrand, François, 161, 162, 169

Monde, Le, 162

Montreal, museu do Holocausto, 16

Morris, Benny, 138

mouros: derrota na Espanha, 88

Movimento pelos direitos civis, 78

movimentos nacionalistas, 44, 135-6

muçulmanos

bósnios, 112, 120

conflitos com os cristãos, 22

e a abolição do califado, 88

e a Primeira Guerra Mundial, 66-67

e os sérvios, 119

e os sítios sagrados da Arábia Saudita, 88

fundamentalistas, 86

humilhação e sofrimento, 88

imigrantes na França, 142

na Índia, 99, 100

ÍNDICE 231

Mulheres
Direitos, 80
percepção da inferioridade das, 207
Munique (políticas de conciliação nos anos 1930), 194, 197-200
Museu Britânico, 152
Museu da Confederação, Richmond, Virginia, 78
Museu de Guerra Canadense, 155-8
Exposição sobre o bombardeio dos Aliados na Alemanha, 59, 62
Museu de Guerra Péronne, 170
Museu Nacional Aéreo e Espacial, Smithsonian Institution, Washington, D.C., 153-55
Museu Real de Ontário, 152
Museus, 15-17, 77, 78, 151-8, 165, 170
Mussolini, Benito, 57, 84, 108, 196

nação
comemorações de conquistas, 105
definidas, 105-6
elevadas pelos regimes de Hitler e Mussolini, 108
surgimento de nações novas, 115
versão irreal, embora influente, das origens, 107-8
nacionalismo, 115, 128
a história alimenta o, 105
alemão, 126
desenvolvimento tardio sobre a história humana, 106
étnico, 25
grande onda de, 107, 111
indiano, 97-102
irlandês, 152

paralelos entre as guerras iraquianas e argelinas, 185
sérvio, 111
sobre Hobsbawm, 109
uma velha maneira de se autodefinir, 106-7
nacionalistas, 80, 84
Alemães, 129
Argelinos, 79, 84
franco-canadenses, 10, 91
hindus, 97-102
irlandeses católicos, 95
japoneses, 167-8
latino-americanos, 91
sérvios, 120
Nacionalistas Católicos Irlandeses, 95
nacionalistas latino-americanos, 91
Nações Unidas, 37, 87, 181, 200, 205
Nagasaki, bombardeio de, 153, 167
Napoleão Bonaparte, 21, 55, 128, 160
Nasser, Gamal Abdel, 195, 196
National Post, 62
nazismo, nazistas, 31, 40, 57, 82, 86, 161, 164, 165, 179, 195
negociações de Camp David, 135
negros, inferioridade percebida dos, 207
Nehru, Jawaharlal, 100
Nelson, almirante lorde Horatio, 185
Neustadt, Richard e May, Ernest: *Thinking in Time*, 182
New Deal, 54
New York Times, 151
Newsweek, Revista, 160
Nightingale, Florence, 15
Nixon, Richard, 37, 89

232 USOS E ABUSOS DA HISTÓRIA

North, Oliver, 147
Nova York: debate sobre os apartamentos do Lower East Side, 19
Nova Zelândia: tomada ilegal da terra dos Maori, 40
Novick, Peter: *The Holocaust in American Life*, 67
Novo Mundo, 158

Obama, Barack, 195
Oeste americano, mito do, 76
Ofsted, 144
Olimpíadas de Verão (2008), 122
11 de novembro (Dia do Armistício), 109
11 de setembro de 2001, ataques, 87, 160, 177, 193, 200, 204-5
Operação Tempestade no Deserto, 200
Ophüls, Marcel, 162
Oralismo, 82, 83
Organização Internacional do Comércio, 181
Organização Mundial do Comércio, 181
Oriente Médio
    imigrações de judeus para Israel, 113-4
    influência do Irã no, 37
    posição do Egito no, 196
Orwell, George, 39
Otan, 36
Our Islan Story, 144

Padrões Históricos Nacionais (Estados Unidos), 147, 149, 153, 154
Palestina, palestinos, 10, 113, 133, 134, 136

Pantheon, Paris, 32
papa, o
    apologia às Cruzadas, 42
    e o poder dos imperadores romanos, 56
Parris, Matthew, 43
Partido Bharatiya Janata (BJP), 98-100, 102
Partido Comunista Chinês, 90, 91, 122, 123, 150, 151
    Politburo, 90
Partido Conservador, 145
Partido de Quebec, 143
Partido Laz, 111
Partido Nacionalista (África do Sul), 41
Partido Trabalhista, 145
Patriotismo, 90, 91, 145, 153
Pearl Harbor (1941), 63, 203
Pedro, o Grande, 15, 21, 32
Pelletier, Gérard, 92
People's History, A (série de documentários da CBC), 16
Pequim
    Cidade Proibida, 38
    incêndio do Palácio de Verão (1860), 121
peregrinos, 145-6
Perth, Ontário, 17
pessoas surdas, 82-83
Pétain, marechal, 162
Peters, Joan, 134
Petraeus, David general, 187
Picq, Ardant du, 186
Plano Marshall, 36
Plano terrorista em Toronto (2006), 142

ÍNDICE   233

Plymouth Hoe, 109
Podhoretz, Norman, 193
World War IV: The Long Struggle Against Islamofascism, 193
Pol Pot, 38
polícia religiosa, 39
Polônia, 130, 131
   assassinato de líderes políticos pelos russos (1939), 170
   Brandt visita o memorial do Gueto de Varsóvia, 169
   invasão alemã à (1939), 195
   invasão russa fracassada (1612), 163
Pontecorvo, Gillo, 185
Ponticelli, Lazare, 32
Poona, força policial de Maharashtra, 102
populações imigrantes
   educação, 141
   entendendo a história e a cultura britânicas, 145-6
   integração com a sociedade anfitriã, 145, 149
   violência e terrorismo,141-2
Powell, general Colin, 192, 200
Praça da Paz Celestial, manifestações, Pequim (1989), 90, 91
Primeira Guerra Mundial, 10, 88-89, 197
   a rendição da Alemanha, 125
   Alemanha lutado em duas frentes, 188
   Asilo, 44-45
   desembarques de Gallipoli (1915), 31
   empate forçado no fronte ocidental, 52

grandioso funeral dos veteranos, 33-34
judeus culpados pela, 87
nacionalistas Irlandeses lutam pela Inglaterra, 95
o horrível número de mortos, 194
ocupação da Sérvia, 179
os mortos como vítimas de um conflito fútil contra os mulçumanos, 65
os mortos inicialmente celebrados como heróis caídos, 65
perdão póstumos pelos soldados executados por covardia, 43
reivindicação dos territórios no pósguerra, 108
prisões, 44
Promoção da Lei da Unidade Nacional e da Reconciliação(1995), 41
Proteção, 24, 181
Protestantes do Ulster, 95
Putin, Vladimir, 149-150

"Quarta Guerra Mundial", 193
Quatorze pontos, 125
Quebec, Canadá
   educação em história, 142-3
   lema de, 142
   nacionalistas franceses, 10, 92
   simpatia pelo governo de Vichy, 92
questão das armas de destruição em massa, 201
Quito, Equador, 159

racismo, 42-43, 77, 143
rainha Caroline, 110
Raleigh, sir Walter, 144

234 USOS E ABUSOS DA HISTÓRIA

Rama (deus hindu), 97
Ramayana, 101
Ranke, Leopold von, 54
Reagan, Ronald, 159, 180
Record, Jeffrey, 200
Reforma, 80
regime de Vichy, 92, 161-2
regimentos do Exército, 74
registros genealógicos dos mórmons,
   Cidade de Salt Lake, 19
Reino Unido *ver* Grã-Bretanha
reivindicação de terras, 127
religião
   cristãos renascidos, 35
   fundamentalismo religioso, 25, 85,
      86, 97, 101, 137
   história como evidência de um pro-
      pósito divino, 29
   igrejas evangélicas, 35
   padrões e valores morais, 35
religiosa, 109
Renan, Ernest, 105-6
Renânia, 106, 196, 198
represa de Assuã, 195
represa de Bar-On, 169
Representação da Casa Imperial (Japão), 70-71
resistência francesa, 161
Resistência Indígena (Venezuela), 159
restauração de Meiji, 93
retirada aérea de Berlim (1948-9), 36
Revere, Paul, 75
Revolução Comunista, 90
Revolução Cultural, 90, 167-68
Revolução Francesa (1789-99), 21, 54
Reynolds, David, 57
Ricardo Coração de Leão, rei, 144

Ricardo III, rei, 145
Richmond, Virginia, 78
rio Columbia, 94
rio Congo, 127
Robert the Bruce, 144
Robert, Pat, 87
Robespierre, Maximilien, 38
Robin Hood, 144
Robinson, Randall: *The Debt: Wn
   America Owes to Blacks*, 47
Rockwell, Norman, 30
Roma, antiga, 96, 208
Romance, Trisha, 30
Romancistas: preocupação com
   supernatural e a imaginação, 65
Romênia, romenos, 132, 133
Roosevelt, Franklin Delano, 35, 54,
   64, 180
Roosevelt, Teddy, 75
Rudd, Kevin, 46
Rusk, Dean, 197
Rússia
   colapso da, 130
   Desafia os Estados Unidos, 25
   desejo por segurança , 174
   Putin e os novos livros "patrióticos",
      150
   relações com a China, 192

Sacro Império Romano, 129
Sakharov, Andrei, 163
Saladin, 32
Salomão, rei, 137
Samaria, 135
Sânscrito, 99
Santayana, George, 180
Sarasvati, 98

ÍNDICE 235

Sarkozy, Nicolas, 128
Sartre, Jean-Paul, 162
Schlesinger, Arthur, Jr., 63, 146
Schroeder, Paul: "O que Mudou depois do 11/9? Pouca coisa e Não para Melhor", 204-5
Secularismo, 100
Segregação, 77
Segunda Guerra Mundial, 10
  Aliados fazem campanha contra a Alemanha , 58-63
  Eixo, 193
  a história de Churchill , 58-63
  internação, 44
  atrocidades japonesas, 16
  judeus culpados pela, 87
  Linha Maginot, 187
  histórias oficiais, 58, 185
  histórias militares adequadas encomendadas sobre o conflito, 56
  vista como a última guerra moralmente sem ambiguidades, 30-31
  e o Tratado de Versalhes, 53
Semana da História Negra (Estados Unidos), 81
Sequência, 55
Sérvia
  reivindica o Banato, 132
  e Kosovo, 133
  ocupada na Primeira Guerra Mundial, 179
Sérvios
  conflitos com os croatas, 22, 112
  história, 91
  e a batalha de Kosovo, 110
  e Kosovo, 66-67

Sharon, Ariel, 120
Shiv Sena, 101
Shivaji (rei e herói hindu), 101
Shlaim, Avi, 138
Sicília, 107
Sionismo, sionistas, 67, 113, 114, 133, 134
Siques, 100
Síria, 195
sistema de Bretton Woods, 181
site da Amazon, 137-8
sítios históricos, 17
Slough, Berkshire, 42
Smithsonian Institution, Washington D.C., 153, 154, 155
Snow, Tony, 37
Soberania, 128
Socialismo, 87, 90
Sociedade para a Preservação e Proteção das Chaminés, 17
Sociologia, 53
Sócrates, 97
Somme, Batalha do (1916), 170
Sorrow and the Pity, The (documentário), 162
Spears, Britney, 34
Stálin, Joseph
  como ditador, 150
  e a Guerra da Coreia, 197
  e Europa Oriental, 129
  e os Aliados, 30
  e os comunistas chineses, 175
  e Tito, 175
  faz de Trotsky uma "não pessoa" , 39
  ignora alertas da invasão germânica (1941), 188

236 USOS E ABUSOS DA HISTÓRIA

motivação para se expandir em direção a Europa Oriental, 174
revelação do número de suas vítimas, 170
se compara com os grandes líderes anteriores, 21, 31
Stalingrado, Batalha de (1943), 109
Stanley, Henry, 127
Starkey, David, 16
Starowicz, Mark, 16
Stephen, rei da Sérvia, 131
Stuart, Jeb, 78
Subcomitê do Senado para Assuntos dos Veteranos (Canadá), 156, 157
Sudão, 122
Suskind, Ron , 177

Taiwan, 121, 132
Taj Mahal, norte da Índia, 97
Taylor, A. J. P., 173
Tchecoslováquia, 130, 189, 194, 195, 198
televisão: canais e documentários, 16
televisão francesa, 162
televisão Sérvia, 119-120
Tenement Museum, Nova York, 19
"Terceira Guerra Mundial", 193, 199
Terceiro Mundo, 195, 196
Terror, o, 159
Terrorismo
    ataque ao World Trade Center como um ato de terrorismo, 203-4
    guerra contra, 36
    negociações com grupos terroristas, 195
Teveth, Shabtai, 138

Thapar, Romila, 98, 101
Thatcher, Margaret, baronesa, 145
Tibete, 122, 132
Tito, Marshal Josip Broz, 175
Tóquio, 168
Tortura
    Aussaresses defendeu publicamente seu uso, 160
    e Al Qaeda, 160
    usada na Guerra da Argélia, 160
Tours, França, 109
Toynbee, Arnold, 30
Trabzon, Turquia, 115
Trafalgar, Batalha de (1805), 109, 160
Transilvânia, 133
Treitschke, Heinrich Von, 129
Tribo Umatilla, 94
Trotsky, Leon, 22, 39
Trudeau, Pierre, 92
Truman, Harry, 35-7, 196
Tryon, vice-almirante George, 206
Tuchman, Barbara: *The Guns of August*, 197
Tucídides, 173
Tudjman, Franjo, 113, 120
Turcos Otomanos, 110, 111, 124
Turquia
    abolição do califado, 88
    e os armênios, 124
    entrada na União Europeia, 124
    governo interessado em currículos, 149
    Guerra Grego-Turca, 84, 85
    luta de independência dos árabes contra a Turquia, 24
Tussauds, Madame, 152

ÍNDICE   237

Ucrânia, 131
Ucranianos: asilo dos ucranianos que moram no Canadá, 44
União Europeia, 87, 124
União Soviética
  acordo secreto com Hitler, 170
  colapso do Império Soviético (1989), 23
  comunismo, 21, 22, 39
  e a derrota de Hitler, 200
  e crise cubana de 1979, 183-4
  e crise do mísseis cubanos, 63
  e Truman, 36
  entrada nos anos 1980, 170
  expansionismo, 31
  grandes perdas em ambas guerras mundiais, 174
  Hitler invade, 128-9
  horrores do período stalinista, 163
  o Gulag , 163, 170
  relacionamento com a China, 192
  separação sino-soviética, 175
United Daughters of the Confederacy, 76
Universidade de Belém, 169
Universidade de Harvard, 101
Universidade de Oxford, 197
Urbanização, 107
Ustasha, 119-120

Vajpayee, Atal Behari, 102
Vale Indus, 98
valores nacionais, 142
Valour and the Horror, The (série de televisão), 156
Van Gogh, Theo, 142
Vance, Cyrus, 183

Vanity Fair, 34
Vedas, 99
Velho Testamento, 137
Veneza, 131
Venezuela, 159
Venizélos, Eleuthérios, 84
Verdun, Batalha de (1916), 169-70, 186
Verdun: encontro entre Mitterrand e Kohl (1984), 169
Versalhes, Tratado de (1919), 53, 87, 125-7
Victoria (navio capitânea), 207
Viena, 166
  apresentação de ópera, 166
  sauda Hitler (1938), 166
Vietnã do Norte, 177, 199, 204
Vietnã do Sul, 176, 199
Vimy Ridge, Batalha de (1917), 88, 89, 109
Virginia, 77-79
Vitória, rainha, 110
Volkswagen, carro, 184

Wall Street Journal, 147
Washington DC: Museu do Holocausto, 16
Washington, George, 109
Washington Times, The, 154
Waterloo, Batalha de (1815), 55, 109
Webster, Daniel, 147
Westminster, Abadia de (Londres), 109
White, Theodore, 145-6
Who Do You Think you Are? (programa de televisão), 20
Wieseltier, Leon, 48

238 USOS E ABUSOS DA HISTÓRIA

Will, George, 154
Williamsburg, Virginia, 79
Wilson, Woodrow, 52, 125, 130
Winfrey, Oprah, 20
Witzel, Michael, 101
Woodson, Carter G., 81
World Trade Center, destruição das torres (Nova York, 2001), 87, 204

Xangai, novos livros em, 151

Yad Vashem (Israel), 114
Yasukini Shrine, Tóquio, 167
Yeltsin, Boris, 162

Yuan Weishi, 151
Yuen Foong Khong, 197

Zhou Enlai, 38-39, 121

Zimbábue, 179

Este livro foi composto na tipologia Agaramond,
em corpo 11,5/16, e impresso em papel off-white
80g/m² no Sistema Cameron da Divisão Gráfica
da Distribuidora Record.